W0292206

Testi: Annalisa Strada
Illustrazioni: Claudia Petrazzi

Progetto grafico e impaginazione: Raffaele Anello

www.giunti.it

© 2016, 2024 Giunti Editore S.p.A.
Via Bolognese, 165 - 50139 Firenze - Italia
Via G. B. Pirelli, 30 - 20124 Milano - Italia

Prima edizione: marzo 2016

FSC
www.fsc.org
MISTO
Carta da fonti gestite in maniera responsabile
FSC® C005461

Stampato presso Rotolito S.p.A. - Seggiano di Pioltello (MI)

#LEMEDIE

PARADISO TERRESTRE
QUEL
CAMPING PURGATORIO
SCVOLA MEDIA
N
W
E
S
SCHOOL BUS
CIO' CHE E' STATO

Annalisa Strada

OK... PANICO!

GIUNTI

Quando arrivi al fiume che separa
ciò che è stato da quel che sarà,
cambia tutto. Potrai scegliere tu
se sprofondare nell'Inferno
o arrampicarti fino al Purgatorio
(Come? Il Paradiso? Alle medie? Scordatelo).
Il posto più facile in cui stare è il Limbo,
dove nessuno ti giudica, ma dove si
rimane ignorati. È anche il posto
più pericoloso... se resti lì in mezzo,
sarai travolto dal gran traffico
di quelli che vanno e vengono, salgono
e scendono, volano o precipitano.

LE MEDIE - KOSMOLOGIA

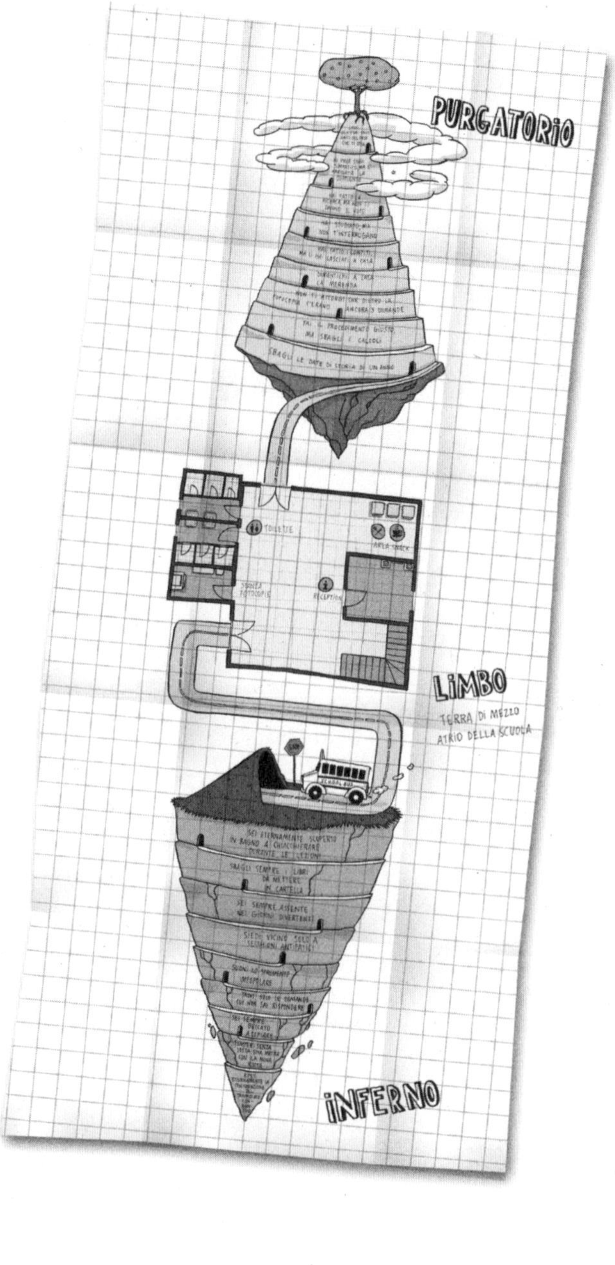

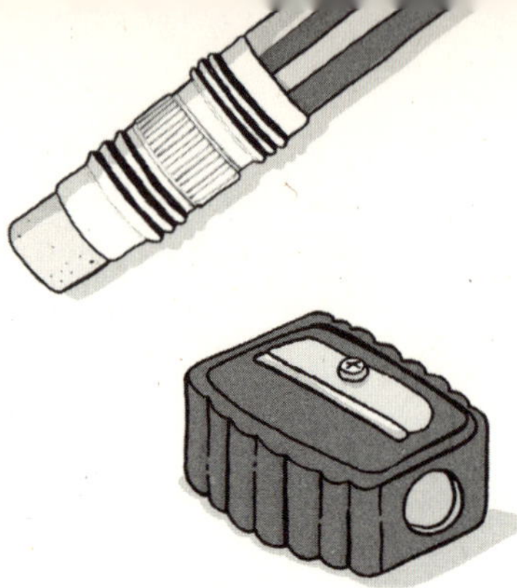

Ti piacerebbe saperne di più?
Vorresti sapere chi e perché
ha disegnato questa mappa?
Allora hai in mano il libro giusto!
Però, sappi una cosa: varcata la soglia
della scuola media non puoi più tornare indietro. Lo scrisse anche il Sommo Poeta:
LASCIATE OGNI SPERANZA VOI CH'INTRATE.
Non ci credi? Uffa... Controlla:
è scritto nella Divina Commedia,
Cantica dell'Inferno, Canto III, verso 9.

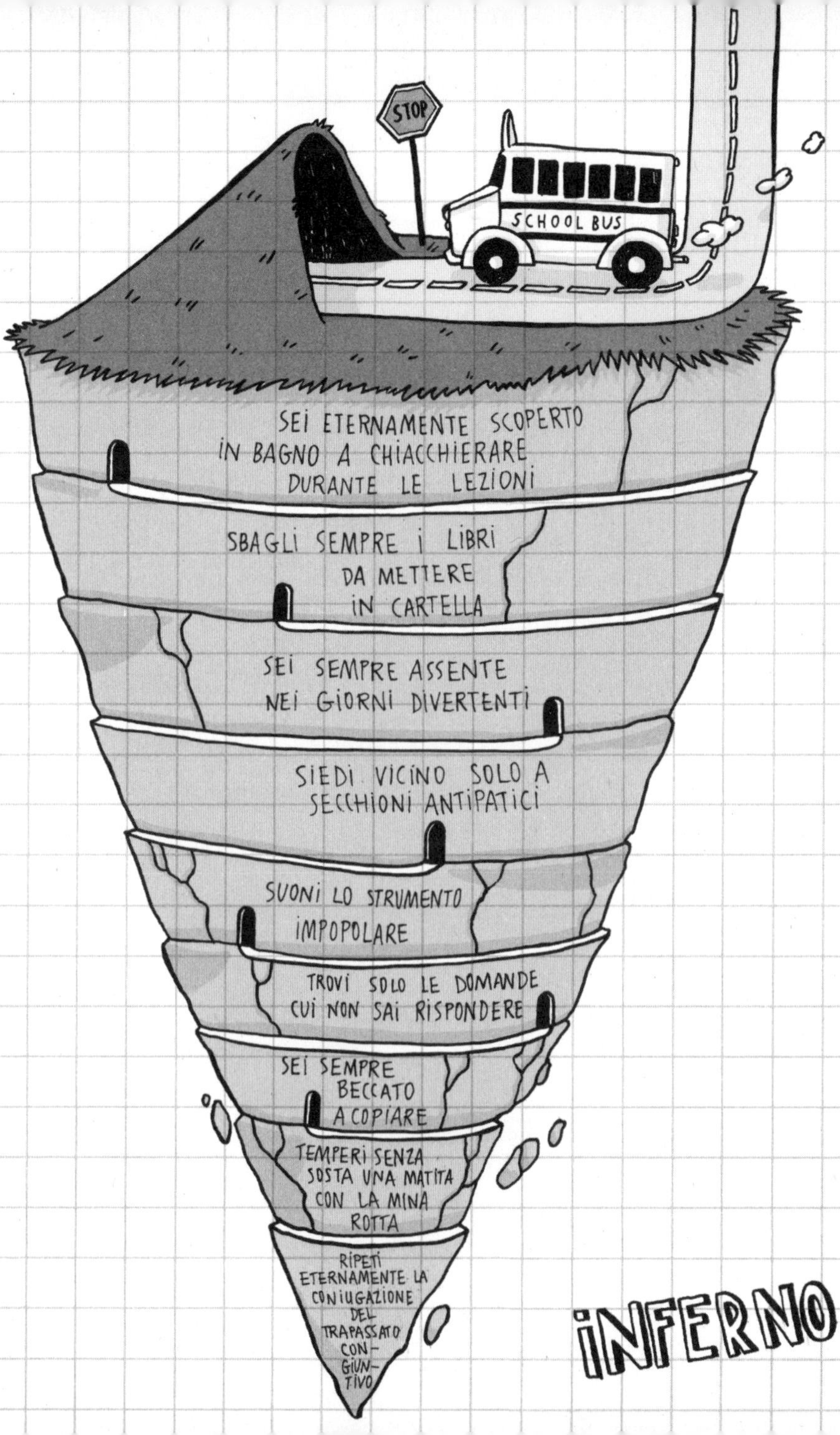

STOP
SCHOOL BUS
SEI ETERNAMENTE SCOPERTO IN BAGNO A CHIACCHIERARE DURANTE LE LEZIONI
SBAGLI SEMPRE I LIBRI DA METTERE IN CARTELLA
SEI SEMPRE ASSENTE NEI GIORNI DIVERTENTI
SIEDI VICINO SOLO A SECCHIONI ANTIPATICI
SUONI LO STRUMENTO IMPOPOLARE
TROVI SOLO LE DOMANDE CUI NON SAI RISPONDERE
SEI SEMPRE BECCATO A COPIARE
TEMPERI SENZA SOSTA UNA MATITA CON LA MINA ROTTA
RIPETI ETERNAMENTE LA CONIUGAZIONE DEL TRAPASSATO CON-GIUN-TIVO
INFERNO

PURGATORIO
I TUOI GENITORI SONO AMICI DEL PROF CHE TI ODIA
AL PROF STAVI SIMPATICO, MA E' ARRIVATA LA SUPPLENTE
HAI FATTO LA RICERCA, MA NON TI DANNO IL VOTO
HAI STUDIATO, MA NON T'INTERROGANO
HAI FATTO I COMPITI, MA LI HAI LASCIATI A CASA
DIMENTICHI A CASA LA MERENDA
NON TI ACCORGI CHE DIETRO LA FOTOCOPIA C'ERANO ANCORA 3 DOMANDE
FAI IL PROCEDIMENTO GIUSTO, MA SBAGLI I CALCOLI
SBAGLI DI UN ANNO LE DATE DI STORIA

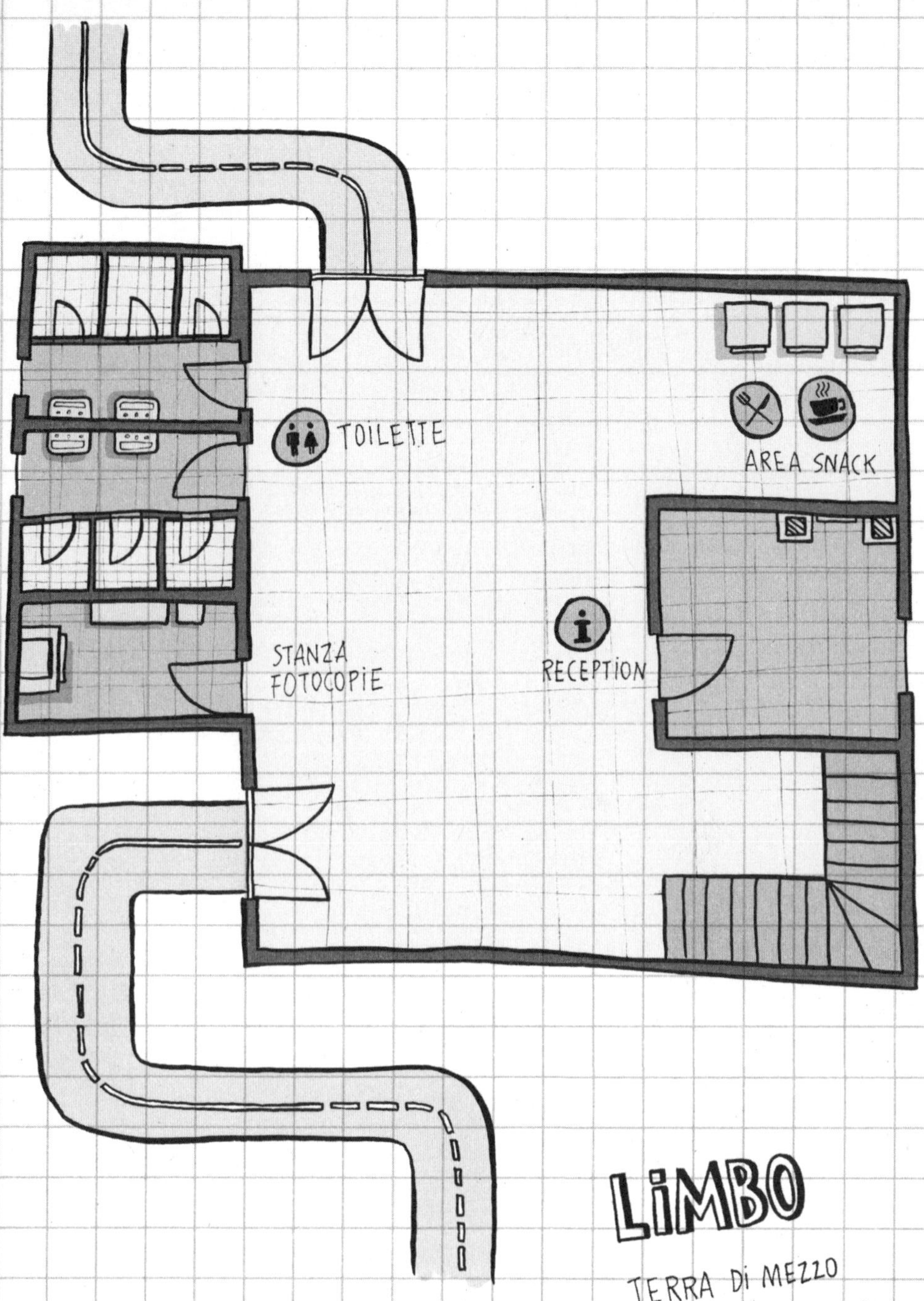

TOILETTE
AREA SNACK
STANZA FOTOCOPIE
RECEPTION
LIMBO
TERRA DI MEZZO
ATRIO DELLA SCUOLA

#1

LA PRIMA ALBA DI SCUOLA

Primo giorno di scuola media.

Ore 7.55.

Cielo limpido con nuvolosità sparse.

Temperatura mite.

Se hai un drone, montaci una videocamera e fai una panoramica, sorvolando le teste di tutti quelli che si stanno assiepando nel piazzale davanti ai cancelli della scuola.

Non hai un drone?

Allora camuffati da panettone in cemento a uso spartitraffico e mettiti a osservare.

Come si fa? Uffa, bisogna spiegarti proprio tutto!

COME COSTRUIRE UN PANETTONE IN CEMENTO

1

Un comodo modo per mimetizzarsi, cammuffandosi in un panettone di cemento a uso spartitraffico:

1. Taglia un cerchio di gommapiuma grigia del diametro di un metro e mezzo.

2

2. Taglia lungo uno dei raggi e sovrapponi leggermente saldando con colla a caldo.

3

3. Come dici?
Così viene un cono?
Vabbe', passerai alla storia come il primo panettone in cemento a forma conica e, soprattutto, nessuno ti si siederà sopra!

La prima cosa che noterai, mentre osservi, sarà il gran numero di genitori che si stanno nascondendo a bordo di auto parcheggiate, o dietro i pali della segnaletica. Sono i papà e le mamme dei primini. Molto probabilmente sono stati bruscamente allontanati dai figli che non vogliono fare la figura dei mocciosi scortati dalla famiglia, ma – da genitori tesi e commossi – non hanno avuto cuore di allontanarsi e cercano di spiare il comportamento delle loro creature.

Guarda meglio: almeno tre mamme si stanno mangiando le unghie; almeno sei stringono lo smartphone (tre per fotografare di nascosto il primo giorno di scuola dei figli, tre per chattare su whatsapp con le amiche). I papà fanno gruppetto a parte e controllano l'orologio come se dovessero andare, ma è solo una maniera per scaricare la tensione, perché restano lì impalati.

Gli studenti sono radunati per gruppi, come branchi di specie diverse. Partendo dall'esterno del piazzale e avvicinandoti ai cancelli, incontri quelli di terza – che sfoggiano l'atteggiamento di chi la sa lunga. Ci sono poi quelli di seconda – che chiacchierano tra loro e tentano approcci con quelli di terza (per ristabilire contatti interrotti a giugno). Con l'atteggiamento dei veterani di guerra si aggirano i bocciati, alcuni già con la barba, altri meno vistosi. Infine, assiepati addosso al cancello chiuso, quelli di prima. Gruppetti di amiche si confrontano su cosa hanno messo in cartella.

Allunga l'orecchio su uno stralcio di conversazione:

«Io ho portato il diario nuovo e l'astuccio».

«Io ho preso un blocco a righe!»

«Hai visto come si è vestita quella?»

«Non guardare così, che se ne accorge!»

Piccoli gruppi di amici fingono interesse per argomenti non-scolastici. Origlia anche loro, ma solo per un attimo.

Da chi andare ora?

Sembra molto interessante quel gruppetto con il ragazzino che ha uno zaino più grosso di lui. A guardare bene, è l'unico con uno zaino di quelle dimensioni: sembra che ci abbia messo dentro tutti i libri che è riuscito a ficcarci. Sì, deve essere proprio così. Chissà come è riuscito a camminare con tutta quella roba sulla schiena. Magari da grande farà il sollevatore di pesi (in questo caso, gli ci vorrà molta pazienza: per ora è il più piccolo e il più magro di tutti). A proposito, si chiama Filippo.

Allunga le orecchie. Li senti?

«Hai visto la partita, domenica?»

«Ieri ho fatto una fantastica missione in GTA».

«Ti lasciano giocare a GTA?!?»

«È la prima estate che abbiamo passato senza compiti. Forte, vero?»

E, fin qui, tutto è semplice.

Ma prova ad avvicinarti ancora di più al cancello. In primissima linea ci sono quelli che hanno fretta di entrare. Sono gli studenti modello? I secchioni? I bravi ragazzi?

Mmmh... non esattamente.

Sono quelli che hanno almeno un anno di esperienza sulle spalle e sanno già una cosa fondamentale: il primo obiettivo del primo giorno di scuola è trovare il banco giusto accanto al vicino giusto. Tutto si gioca in una manciata di secondi preziosi. Bisogna essere pronti, veloci e concentrati. Se stai per cominciare le medie, questo è un momento cruciale.

#2

PER CHI SUONA LA CAMPANELLA? ANCHE PER TE. RASSEGNATI.

Che cos'è tutto questo fermento? Ah, sì, è suonata! Se non senti la campanella, non potrà sfuggirti il cigolio del cancello che si apre. Se non senti nemmeno quello, domani prenota una visita dall'otorino, ma intanto alza i piedi e fatti portare dalla ressa.

Tutti spingono, ma sono attenti a non esagerare o travolgeranno la bidella: una bidella può sempre essere utile, non bisogna sprecarla!

La spinta collettiva del primo giorno di scuola è la più forte di tutto l'anno. Qualcuno viene travolto: sono quelli che non hanno capito niente o forse quelli che hanno capito tutto. Per esempio, il primo a prendersi un paio di gomitate è Alfredo (di cui sentirai presto parlare), che si è fermato

per sincronizzare l'orologio. Per lui è importante contare esattamente la durata delle lezioni. E no, non lo fa perché è un bravo studente, infatti quest'anno sta cominciando per la terza volta la terza media. Per lui è importante solo sapere con precisione quanto tempo manca alla sua liberazione. Negli anni, avendone trascorsa tra i banchi una certa quantità, ha elaborato una propria teoria sulla durata del tempo.

Questa teoria l'ha spiegata già due volte a suo fratello Basilio, che quest'anno è tra i primini. Suona tipo così:

“Il tempo a scuola è più lento che in qualsiasi altro posto. In particolare, gli ultimi tre minuti dell'ultima lezione durano più del triplo della mattinata intera”.

Questa non è l'unica perla di saggezza di Alfredo. Quando fece la seconda media, cioè l'anno in cui gli è passata definitivamente la voglia di studiare, ascoltò un'unica lezione: quella in cui la prof di italiano spiegava la Divina Commedia di Dante Alighieri. La Divina Commedia è composta da tre parti: Inferno, Purgatorio e Paradiso. L'Inferno e il Purgatorio lo colpirono molto, ma non riuscì ad ascoltare il Paradiso. Spiegò la sua distrazione in poche parole:

«Alle medie, il Paradiso non esiste».

Sull'Inferno e il Purgatorio, invece pensò un attimo. Anzi, più di un attimo. Ci pensò su tanto che si addormentò. Un sonnellino non più lungo di un quarto d'ora, ma dal quale si svegliò con un'idea ben chiara in mente.

L'Inferno e il Purgatorio di Dante Alighieri spiegano benissimo la scuola media. Ne fece anche un disegnino, una specie di mappa che i suoi compagni fotocopiarono e che da allora è il testo fondamentale di tutti gli studenti (anche per te, se ti ricordi che cosa hai visto all'inizio di questo libro. Non te lo ricordi? Ma che strazio! Torna a pag. 7, dai, veloce, che qui ti aspettano).

Anche suo fratello Basilio l'ha in cartella stamattina, come tutti i suoi compagni primini ai quali è riuscito a farne avere una copia.

Persino il papà e la mamma di Alfredo e Basilio (genitori pure degli altri tre loro fratelli) la ebbero per mano qualche tempo fa.

La mamma la lesse, scosse la testa e si chiuse in camera per farsi le unghie. Il papà le diede una scorsa e poi disse:

«Figliolo, se tu avessi impiegato il tuo tempo a studiare anziché a fare sciocchezze come questa, magari adesso saresti in terza superiore».

Forse il papà di Alfredo non aveva tutti i torti.

#3

INDIETRO NON SI TORNA!

Ma cosa stavamo facendo? Ah, sì, stavamo entrando a scuola.

Dunque, la grande folla di studenti si stringe all'imbuto dell'ingresso e poi si ridistribuisce secondo un ordine preciso. Quelli che frequentano la seconda e la terza sanno dove andare e raggiungono le classi a passo di carica. Sarà la prima e l'ultima volta che, nell'arco dell'anno scolastico, correranno in classe. Per il resto dei giorni se la prenderanno comoda. Alcuni molto comoda... Certi bisognerà spingerli e altri andarli a stanare dai bagni.

Quelli di prima sanno a quale sezione sono stati assegnati, ma non hanno idea di dove si trovi l'aula, quindi stanno nel mezzo dell'atrio come coniglietti su cui un'aquila potrebbe piombare da un momento all'altro.

L'atrio è la terra di nessuno, il Limbo della mappa di Alfredo, e lo resterà fino a che non si sarà superato l'esame di terza media. Molto spesso è nell'atrio che si decidono, nei tre anni, i destini dei timidi, ma anche le sorti degli audaci e il futuro dei distratti, dei precisini, dei secchioni, degli attaccabrighe, dei cuori infranti e... be', di tutti.

Attorno al gruppetto di coniglietti disorientati si sta stringendo uno stormo di insegnanti. A questo punto, tanti preferirebbero non vedere e si coprirebbero gli occhi. Ma noi no. Noi saremo lì a guardare quando i primini si scopriranno circondati. Quando? Proprio in questo momento!

Dai quattro punti cardinali, come predatori, le docenti stringono l'assedio e subito urlano. Tutti gli insegnanti hanno il volume alto, ed è questo che li rende riconoscibili anche in spiaggia, al supermercato, o al bar. Urlano anche quando devono dire una cosa semplice come: «Buongiorno, ragazzi!».

I primini si girano di scatto quando vedono le docenti e spalancano gli occhi come lepri davanti ai fari. Sì, le docenti: tutte donne, tutte decrepite, tutte con improbabili abiti presi in saldo un secolo fa. Cercando di sorridere, simulano la simpatia di un cane da guardia che scodinzola per farti entrare… e azzannarti con calma.

«Sezione A, qui vicino a me!» grida una che deve avere un megafono nella gola.

Le altre la imitano. La sezione B si raduna attorno a quella con i capelli a scopa di saggina. Quelli della C con la tipa che ha gli occhi da rospo. Alla D tocca la prof più larga che lunga.

I primini obbediscono ai richiami, ma restano uno attaccato all'altro come le pecorelle di un gregge. Un paio di docenti chiedono ad alcuni studenti di spostarsi: sono le prof basse che domandano ai ragazzi alti di non ostruire la visuale.

Filippo (quello dello zaino) è il più basso di tutti. Con tenacia sgomita fino ad arrivare in prima fila per vedere che cosa sta succedendo. Incautamente finisce a fianco della prof della C, la sua prof, quella con gli occhi da rospo. Quella più alta. Quella che a un certo punto si mette davanti a Filippo stritolandolo tra se stessa e un tizio dietro che lui non vede, ma con certezza sa che c'è: gli si è appena appoggiato allo zaino. Ed è solo così che Filippo capisce che quella storia di portare i libri non è stata una grande idea. Glielo si leggerebbe negli occhi, se qualcuno potesse vederlo in faccia.

Nell'aria c'è attesa, come se dovesse succedere qualcosa, ma non succede nulla.

Che si fa, adesso? Si va in classe?

Magari...

#4

PROVE TECNICHE DI TRASMISSIONE

«Be..crus..n… zzz…ti»

L'impianto di amplificazione della scuola è vecchiotto e portatile. Gli studenti ci sono abituati fin dalla materna, perciò arrivati in prima media smettono di ascoltare e iniziano a leggere le labbra o a esercitare l'intuito. Per questo, bene o male, tutti capiscono che la Dirigente sta dicendo:

«Benvenuti!».

Dal gruppetto si leva una voce audace:

«Non si sente niente!».

Deve essere uno che prima ha studiato in un'altra scuola. Calma, in che senso in un'altra scuola?

Sappi che la scuola in cui ti trovi è l'Istituto Comprensivo Malabrocca. "Istituto Comprensivo" significa che entri nell'area della materna ed esci dopo le medie - passando ovviamente per le elementari. Quando sei fuori da lì significa che, come si dice tecnicamente, "sei stato licenziato", che - a pensarci bene - non suona come l'espressione più rassicurante. Però può darsi che qualcuno se ne vada prima e che qualcuno arrivi nel frattempo perché quella scuola gli piace o perché si è trasferito in zona. Ecco perché di solito ci si conosce tutti, almeno di vista, e quelli nuovi non passano inosservati.

la Sigismondi

Dalla sua postazione, la Dirigente lancia un'occhiata assassina, ma non individua il colpevole. Fa finta che non le sia mai interessato e comincia a parlare: «Oggi comincia per voi un'esperienza straordinaria. Non vi voglio solo studiosi e obbedienti. Quest'anno vi voglio PORTENTOSI!».

Qualcuno sorride, perché già si sente portentoso. La maggior parte è scettica ma, sotto sotto, affascinata.

Cercando di fissare il proprio sguardo negli occhietti fissi di ciascuno studente, la Dirigente prende fiato ed energia. Gli studenti la conoscono da quando andavano alle elementari, ma sembra inspiegabilmente più bassa dell'anno prima e molto più agitata.

«Inutile che stia qui a perdere tempo, quando sulle nostre teste incombe un pericolo inaudito...»

Istintivamente molti ragazzini alzano la testa al soffitto, da cui l'unica cosa che incombe sono i neon spenti.

«Interessante...» dice Filippo, ma è sempre soffocato dalla prof e nessuno lo sente.

La Dirigente avanza di un passo.

«Tocca a voi, che cominciate le medie quest'anno, salvare il nostro Istituto! Siete pronti?»

Gli studenti rimangono zitti, guardandosi l'uno con l'altro. Non sanno che fare. Devono rispondere? Non devono rispondere? Che cosa si fa quando la Dirigente si comporta come una rockstar durante un concerto?

«Allora, siete pronti? Se lo siete, dite di sì!» li incalza la Dirigente.

Così è più chiaro e un modesto "Sììì" si leva dal pubblico.

«Più forte!» li incoraggia.

«Sìììììì!» urlano tutti.

«Sì a cosa?» domanda Soraya a Miranda.

Miranda si stringe nelle spalle e mostra le dita incrociate: sa che non è prudente accettare una promessa se non si sa bene in cosa consista.

Soddisfatta, la Dirigente avvia la sua tirata:

«Il nostro quartiere ha bisogno di questa scuola, ma abbiamo pochi iscritti. Dobbiamo averne di più e, per averne di più, dobbiamo fare di più! E questo di più lo chiedo ai miei docenti e a voi. A voi ragazzi, che siete la nostra speranza!».

Se fosse possibile sintonizzarsi sul pensiero che rimbomba nella testa di Filippo, si sentirebbe qualcosa come:

"Io sono un po' stanco di questa storia. Mi ci mancava anche di essere la speranza della preside, anzi la speranza della scuola! Sono già la speranza di mamma e papà, che contano su di me per il futuro (se contassero su di me per il presente, magari mi avrebbero avvertito di non portare TUTTI i libri). Sono la speranza perché la mia squadra è la "primavera" della società. Sono la speranza del sindaco. Quando lo ha detto, lui? Non riesco a ricordarmelo. Però sono certo che abbia detto che i giovani sono la speranza di questo Paese. Ora, io mi domando, chi è la MIA speranza? Forse dovrei cominciare a preoccuparmi di essere così tanto nella speranza di tutti!".

Ma no, non credere che Filippo - per pensare - si sia distratto. Sta sempre ascoltando la Dirigente. E lei sta continuando:

«Faremo attività, iniziative, corsi speciali… e voi dovrete dare il massimo per il miglior rendimento dell'Istituto». Lascia cadere un secondo di silenzio

e tuona: «Vorreste forse che fossimo assorbiti dal Cacciamatta?!? Volete finire tutti là?!?»

Un brivido scuote gli ascoltatori. Improvvisamente, sono pronti a tutto. Pendono dalle labbra della Dirigente senza averne schifo.

Il Cacciamatta è l'Istituto del quartiere confinante. È grigio, scrostato, con il giardino asfaltato ed erbacce giallastre che sbucano qua e là. Soprattutto, ci sono tanti studenti e sono tutti feroci. Nel torneo scolastico di calcetto, la squadra del Cacciamatta è famosa per la fallosità; nelle attività didattiche extrascolastiche ha una certa reputazione per aver fatto arrivare a sirene spiegate i vigili del fuoco almeno tre volte; negli esiti scolastici è sempre il fanalino di coda. E poi hanno un rientro in più il pomeriggio e un sevizio mensa così schifoso che in tre, l'anno prima, hanno subito la lavanda gastrica. La loro festa di fine anno scolastico risuona di botti e petardi più che a Capodanno e i meno resistenti finiscono a piangere da mamma e papà. Sono fatti che tutti conoscono, voci che tutti hanno sentito. I genitori raccomandano sempre ai propri figli di "stare lontani da quelli del Cacciamatta". E – non bastasse tutto questo – per arrivarci bisogna prendere autobus di linea affollati come l'autostrada a Ferragosto. Essere accorpati al Cacciamatta sarebbe come comprarsi un biglietto di sola andata per l'Inferno.

La Dirigente si accende come un fiammifero.

«Ebbene, noi non finiremo là! Giusto?»

«GIUSTO!» le risponde un coro che fa tremare i vetri.

«Bene» riprende la Dirigente, soddisfatta della reazione. «Seguite le indicazioni dei prof, partecipate alle nostre iniziative e passeremo alla storia per aver evitato un disastro. Adesso andate in classe, veloci! Ah…» aggiunge frettolosa «e buon anno scolastico!».

Abbandona l'atrio con passo marziale lasciando dietro di sé un silenzio sconcertato. Adesso sì che hanno lo spirito giusto per andare in aula.

«Ci spremeranno come un limone» sussurra Soraya.

Ma anziché Miranda si trova a fianco Filippo, che le risponde con una domanda: «Perché proprio noi di prima dobbiamo passare alla storia?».

La risposta la offre gentilmente Basilio. «Su quelli di terza non si può contare. Non vedono l'ora di andarsene».

Parole sante.

#5

AI POSTI DI COMBATTIMENTO!

Il codazzo verso le aule è disordinato. I più audaci provano a fare qualche passo a destra o a sinistra per accertarsi che nessuno li inviti a mettersi in fila per due, come faceva sempre la maestra. Incredibilmente, nessuno li richiama.

Miranda ne approfitta per spostarsi verso Soraya: «Dai, che ci sediamo vicine».

«La prima che entra, tiene il posto all'altra».

Soraya

Miranda

Chi conosce Soraya e Miranda potrebbe essere un po' stupito da questa loro intimità. Alla fine della quinta elementare erano nemiche giurate e si evitavano con cura per non accapigliarsi. Ma le amiche sono così, soprattutto all'inizio della scuola media: si azzuffano e si pacificano secondo meccanismi e ragioni che comprendere è impossibile. Si può solo stare ad osservare.

Davanti all'ingresso dell'aula, la prof Giuseppina Diliberti (quella con gli occhi da rospo) si fa da parte e, con un cenno con la testa, invita i ragazzi a entrare.

Un primo momento di esitazione inganna i più lenti, poi si lanciano tutti.

Ognuno si accaparra un banco e, sul più bello, tra Soraya e Miranda si piazza Giulietta. Giulietta, che una volta era amica di Soraya e poi era stata amica di Miranda e poi amica di tutte e due quando loro avevano litigato, adesso è insopportabile per entrambe. Se non capisci perché, ti rimando a quanto detto sopra.

Gli sguardi di odio scoccano da un viso all'altro in un incrocio così pericoloso che nemmeno i *marines* oserebbero intromettersi. Tre amiche infuriate sono molto più pericolose di due leoni che si scontrano per la supremazia.

Soraya qualcosa lo sta per dire, di certo, ma rimane zitta perché vede due cose...

Le due guardano nella stessa direzione. Guarda anche Giulietta e quel che vede la impietosisce: è Filippo, con il suo enorme zaino, incastrato accanto al ragazzo più grosso mai visto. Un tipo dalla faccia che, anche se è impassibile, trasmette il messaggio: “Se fossi in te, starei alla larga”.

Da dove salta fuori questo tipo? Chi lo ha mai visto prima? Non è nemmeno del quartiere, vero?

A studiarlo meglio, Filippo non è solo preso in contropiede: ha proprio l’aria persa di un cucciolo legato fuori da una macelleria, mentre il padrone è entrato dal fiorista.

In tutte e tre le testoline (e forse nella quarta, quella di Filippo) scocca una scintilla a forma di domanda: “Che succederà quando anche Basilio vedrà questo tipo enorme e inquietante?”

Anzi, dov’è Basilio?

Eccolo che arriva giusto adesso, rilassato e sereno: è l’ultimo a varcare la soglia, con l’aria disincantata che ha imparato da suo fratello. Sì, lui - proprio lui - è il fratello di quell’Alfredo che ha fatto la mappa infernale della scuola!

No, scusa, l’ultimo non è Basilio. C’è uno che sta per entrare adesso. È chiaro che deve espiare qualche grave fatto commesso nella sua vita precedente: essere l’ultimissimo dopo l’ultimo a entrare in classe è uno dei peggiori modi per iniziare la vita alle medie. Una di quelle cose che ti fa sentire sul collo l'alito fetido del baratro all'estremità più estrema dell'Inferno, là dove un pluriripetente ripete per l'eternità il trapassato del congiuntivo.

E non è il fatto peggiore che gli capita.

Appena Patrick - con il suo metro e venti centimetri di imbarazzo - mette piede in classe, si prende la prima occhiataccia che la prof riesce a sferrare all'esordio dell'anno scolastico.

Patrick mormora uno «Scusate...» rivolto allo spigolo della stanza e poi si avventura tra i banchi.

Si guarda a destra, a sinistra, davanti e indietro mentre lo sguardo della prof lo segue come ti sta addosso l'odore dopo che hai pestato una cacca di cane sul marciapiede.

Patrick inizia a pensare che sia uno scherzo dell'emozione: non lo vede, ma il suo banco dovrebbe esserci. Dovrebbe essere l'ultimo rimasto libero.

Eppure non lo trova.

Controlla, ma proprio non c'è.

«Insomma» si spazientisce la prof Diliberti, che ha mollato il modo affabile per usare la vocetta stridula dell'isteria. «Mettiti...»

Anche lei però resta senza parole. Non c'è un posto dove metterlo questo qui!

«Come ti chiami?!?» chiede con la grazia di una pistola spara-chiodi.

«Gravosi Patrick» risponde lo studente, con l'aria sofferente di uno che un colpo se lo è appena preso, dritto nel cuore dell'orgoglio. Il sale sulla ferita sono le risatine nervose dei compagni.

La prof si fa pensierosa consultando il registro elettronico: «Sì, sei qui...».

Poi, come illuminata, passa sugli studenti uno sguardo-laser:

«Chi di voi non è di questa sezione?».

Che, a ben pensarci, non è una domanda furba, perché se uno avesse saputo di non essere di quella sezione, semplicemente non ci sarebbe entrato.

I ragazzi tra i banchi iniziano a domandarsi:

«È la C?»

«È la C?»

«È la C?»

Sì, in effetti è la C.

Con uno sbuffo annoiato da balena prossima a spiaggiarsi, la Diliberti scuote la testa, inforca gli occhiali da lettura, si avvicina al monitor fino a poterlo sfiorare con il naso e, annoiata, inizia l'appello:

«Aminati, Annoni, Balconi...»

Alla fine, viene trovato l'intruso: Zuccarelli Giacomo, che se ne va paonazzo a cercare il proprio posto in qualche altra aula. Non ha minimamente idea di quale possa essere, ma fa in tempo a vedere Patrick che si siede al suo posto con estremo sollievo.

Patrick è soddisfatto: sta vicino alla finestra e i suoi nuovi compagni non stanno ridendo di lui, ma di quel povero Zuccarelli Giacomo che nessuno aveva mai visto prima e che sta uscendo dall'aula con la coda tra le gambe (metaforicamente parlando, perché Zuccarelli Giacomo è uno studente e non un cane... semmai uno studente cane!).

#6

UNA PECORELLA SMARRITA

Da solo nel corridoio, Zuccarelli Giacomo ha le lacrime agli occhi e si sforza di ricacciarle indietro. Peggio di Pollicino, Cenerentola e Pinocchio in una giornata sfortunata.

Ma in ogni scuola c'è un eroe che ha un cuore di budino e all'Istituto Comprensivo Statale Malabrocca è lui, sempre lui: Alfredo.

Alfredo, assegnato per il terzo anno alla 3E, è già alla sua prima uscita per andare in bagno. Ha resistito in classe sette minuti netti. Quanto basta per ripromettersi che non compirà diciotto anni in un'aula di terza media. Non che abbia deciso di rimettersi a studiare, ma... quasi. Forse. Formulare quel pensiero lo ha affaticato e per questo ha chiesto di uscire: per sgranchirsi le gambe e congratularsi con se stesso.

Si sta stiracchiando davanti alla porta del suo bagno di fiducia quando vede Zuccarelli Giacomo vagare come una pecorella smarrita che ha dimenticato la faccia del pastore.

Sentendosi un po' il padrone di casa, Alfredo gli chiede, da un capo all'altro del corridoio: «Ehi, che ti piglia?».

«Mi sono perso...» mormora Zuccarelli Giacomo, con il mento tremolante.

Alfredo annuisce da esperto. «Sei nel tuo giorno fortunato: hai trovato me. Dove devi andare?»

Ed è a questo punto che Zuccarelli Giacomo crolla sotto il peso delle sue incertezze:«Non lo so!» urla, come uno che sprofonda nelle sabbie mobili.

Alfredo gli mette una mano sulle spalle:

«Gran sfiga cominciare le medie così. Ma una soluzione c'è sempre...»

«Quale?» e nello sguardo di Zuccarelli Giacomo c'è la tenue speranza di una mosca che vorrebbe essere simpatica al ragno.

«Esci e torni a casa!» ride Alfredo.

Zuccarelli Giacomo, a quel punto, perde ogni ritegno. E piange.

Alfredo, comprensivo, gli stringe il braccio attorno al collo e gli affibbia pure un paio di poderose

pacche tra le scapole. «Dai, che scherzo! Ho sentito che cercavano uno che mancava nella A. E tu hai la faccia di uno che può finire nella A. Speriamo solo che non abbiano già chiamato i tuoi per dire che sei scappato...»

Zuccarelli Giacomo resta in piedi solo perché Alfredo lo sorregge fino alla porta dell'aula. Butta dentro il primino e poi torna nella 3E molto soddisfatto di sé:

"Che cosa farebbero, qua dentro, senza di me?".

#7

PROF, ABBIAMO UN PROBLEMA

Adesso che Alfredo e Zuccarelli Giacomo sono sistemati, si può tornare in classe. Quale classe? Oh, cielo, ma bisogna ogni volta rispiegare tutto? Ehi, così non va! Si torna nella 1C, ovviamente.

La prof Diliberti avrebbe voluto cominciare la sua lezioncina d'accoglienza, ma è stata interrotta dal bidello. Una volta entrato, il bidello Vittorio ha annunciato, con il brio di una cavalletta morta e l'entusiasmo di un freezer spento:

«Vi detto l'orario. Scrivete».

L'annuncio provoca rumori di zip aperte, ferraglia, plastica velcro...

Sui banchi appare il variegato universo degli astucci. Tutti riconducibili a quattro macro categorie.

A) INFANTILI

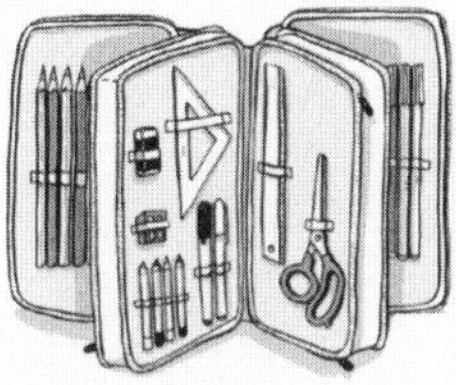

Fatti a libro, all'interno hanno gli elastici per la collocazione monoposto. Vengono guardati con supponenza. E tanto peggio se i colori sono in ordine di sfumatura. Infernoooo!

B) BASIC

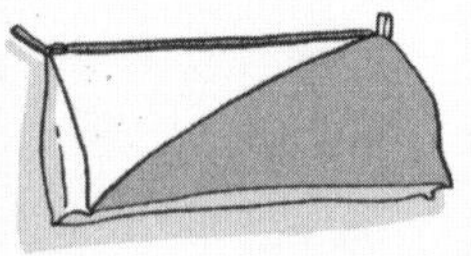

Bustine minime in tinta unita, gonfie di tre penne blu, tre nere, tre rosse (e tre verdi solo per chi esagera), due pennarelli, due righelli, due temperamatite. Sono destinati a svuotarsi in poco tempo grazie alla litania dei "me lo presti?". Purgatorio!

C) ULTRÀ

SPORTIVI. Hanno il gagliardetto di una squadra e sono "ultrà plus". Possono essere Paradiso o Inferno a seconda della tifoseria prevalente in classe.

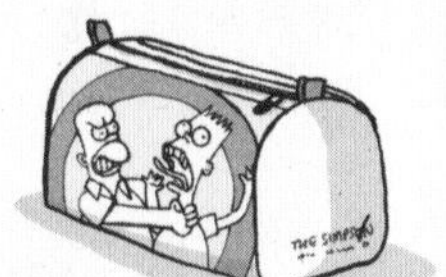

TELEVISIVI. Portano faccine di protagonisti di cartoni animati o telefilm. I cartoni animati se non sono qualcosa che piace anche ai genitori sono Inferno assicurato, altrimenti resta una minima possibilità di Purgatorio.

D) MODAIOLI

Riportano marche di abbigliamento. Purgatorio se la marca è in voga. Inferno se la marca risale all'anno scorso. Cautela: potrebbe essere necessario cambiarne uno ogni anno per stare al passo. L'unico fuori serie è Basilio: ha una sola e unica penna, già mangiata all'estremità.

La Diliberti si alza da dietro la cattedra e si affianca al bidello:

«Grazie Vittorio, lei è sempre tanto gentile».

Dal fatto che il bidello le si allontana di un passo, è facile capire che non apprezza tutta quella cordialità.

La prof lo ignora e si rivolge alla classe, scandendo bene le parole:

«Ragazzi, questo» e indica il foglio A3 in mano al bidello «è l'orario» e qui tocca l'orologio «dei prossimi quattro giorni» e leva quattro dita in alto, quindi precisa: «fino a sabato», con un giro del dito indice per indicare lo scorrere del tempo.

«È un rebus o un mimo?» chiede Giulietta.

«È l'orario spiegato a voi» taglia corto la Diliberti, non si sa se offesa per la domanda o per la risatina della classe.

Per inciso, Giulietta è molto seria quando avanza la richiesta: lei va matta per i giochi, soprattutto quelli di società.

«Adesso io lo detto. Voi lo scrivete sul diario» annuncia il bidello con la vivacità di un palloncino sgonfio.

I BIDELLI

Vittorio

I BIDELLI SONO FIGURE CHE NON VANNO MAI SOTTOVALUTATE. DALLE LORO POSTAZIONI OSSERVANO TUTTO, SANNO TUTTO, NON DIMENTICANO NIENTE. CONOSCONO GLI STUDENTI QUASI MEGLIO DEI PROF E DEI GENITORI, CON LORO GLI STUDENTI NON SI SENTONO GIUDICATI E FANNO QUEL CHE GLI PASSA PER LA TESTA.

Rita

NON SOLO, I BIDELLI SONO I CUSTODI DEI CARTONCINI COLORATI, DEI PENNARELLI, DEI GESSI, DELLE BATTERIE PER LE LAVAGNE INTERATTIVE, HANNO LE CHIAVI DELL'INFERMERIA E SANNO SEMPRE RIMEDIARE UN CACCIAVITE. SE NON È POTERE QUESTO...

Ciascuno studente apre il proprio diario, alcuni alla pagina giusta altri a caso.

«Domani, prima ora, matematica...» dice Vittorio. Parla con la cadenza dei preti alle veglie funebri: è l'effetto che gli fa sempre l'orario provvisorio.

«Prof Affini» precisa la Diliberti.

Il bidello la ignora e prosegue:

«Seconda ora, inglese...».

«Prof Vicenzi» interviene la Diliberti.

«Terza ora, educazione artistica...»

«Prof Tonelli» dice la solita Diliberti.

#8

MOLTI MODI PER SBAGLIARE

Bisogna spezzare una lancia in favore della Diliberti. Lei lo sa che gli studenti di prima hanno bisogno di imparare i nomi dei loro professori e di abbinarli alle materie che insegnano. È convinta che intervenire insieme a Vittorio per aggiungere i cognomi sia d'aiuto. Purtroppo le sue ottime intenzioni vanno totalmente sprecate. Il garbuglio di cognomi e discipline sta creando nelle giovani menti una matassa che li stordisce.

Quando Vittorio arriva alla dettatura dell'ultima ora del sabato, la confusione è totale tanto nel bidello quanto nella testa dei ragazzi.

Sui diari, il caos regna sovrano.

Guardare per credere.

OK... PANICO!

HA SCRITTO TUTTO IN DUE GIORNI

ORARIO PROVVISORIO

	1	2	3	4	5	6
LUN			Affini Vicenzi	Diliberti Tonelli	Sigismondi	Diliberti
MAR			Giuretti Tonelli Bruzzi	Diliberti Affini Vicenzi	Vicenzi Sigismondi	Diliberti
MER					Bruzzi Diliberti	Bruzzi
GIO						
VEN						
SAB						

HA SCRITTO TUTTO NELLA PRIMA ORA

ORARIO PROVVISORIO

	1	2	3	4	5	6
LUN	Sigismondi Affini					
MAR	Sigismondi Vicenzi	Diliberti				
MER	Vicenzi Tonelli	Diliberti				
GIO	Diliberti Giuretti Bruzzi	Tonelli				
VEN	Diliberti Bruzzi	Affini				
SAB	Diliberti Bruzzi	Vicenzi				

HA SCRITTO TUTTO DI FILA

Mercoledì: ore 8 Affini;: ore 9 Vincenzi ore 10 Tonelli; ore 11 Giuretti 12 Bruzzi Giovedì,: ore 8 Diliberti 9 Diliberti: ore 10 Tonelli; ore 11 Affini; ore 12 Affini;ore 13 Vincenzi; Venerdì, ore 8 Sigismondi ore 9 Sigismondi; ore 10 Vincenzi; ore 11 Diliberti; ore 12 Diliberti; ore 13 Bruzzii; Sabato: ore 8 Diliberti; ore 9 Diliberti: ore 10 Bruzzi

#9

ATTENZIONE, CONCENTRAZIONE, RITMO...

Il bidello esce dall'aula con la fronte sudata, l'espressione allegra e il fare effervescente di un paracarro sulla via del cimitero. Lascia gli studenti con le idee chiare come una mezzanotte nebbiosa.

La prof Diliberti torna a sedersi alla cattedra. Ha i capelli arruffati e tenta di sistemarli con una passata di mano: il risultato è che le spuntano in testa due enormi corna ricce. Ma è un dettaglio. Ai ragazzi, dopo l'esperienza dell'orario, non è rimasta nemmeno la

forza per notarlo. Nel frattempo, è persino suonata la campanella della prima ora di prima media e lo storico evento è scivolato via nella più drammatica indifferenza. Del resto, anche per la seconda ora è prevista la permanenza della Diliberti.

Lei ce la mette tutta per riprendere la lezione. All'inizio della giornata l'aveva tutta chiara in testa, ma adesso non le sembra più tanto facile.

«Allora, prima che ci interrompessero, stavamo dicendo...»

Toc toc.

E quando si legge *toc*, si sente *toc* e si dice *toc*, significa che qualcuno bussa alla porta.

La classe è percorsa da un tremito. Mica che, per caso, è in arrivo l'orario della settimana prossima?

No, per fortuna no. È una prof. Alle elementari hai una, due, al massimo tre maestre. Alle medie i professori saltano fuori come le pulci da un cane.

«Cara,» dice la nuova entrata «ti disturbo?».

«No, figurati...» risponde la prof Giuseppina Diliberti buttando una penna sulla cattedra, in segno di resa.

La prof appena apparsa è bella, giovane, elegante. Da dove salta fuori?!?

I maschi dell'aula la guardano ammirati. Le femmine la studiano senza pietà.

È incredibile come (non solo in prima media) lo stesso oggetto possa suscitare nei due sessi considerazioni diverse, in varie gradazioni.

La prof di musica, Daniela Bertolini (quella che ha appena messo piede in aula), per esempio, indossa clamorose scarpe di vernice rosa con zeppa acrobatica, ben visibili anche se stanno sotto il livello dei banchi.

FEMMINE

- Da grande avrò scarpe così.
- Dove crede di andare?
- Adesso crolla, adesso crolla, crolla, crolla...

MASCHI

- La mia fidanzata le avrà.
- La mia mamma le vorrà!
- MI PIACE!!!

Ma la Bertolini non sta pensando alle proprie scarpe. Caricata dalla missione di salvare la scuola dall'accorpamento con il Cacciamatta, vuole conquistare i ragazzi e aizzarli nella loro corsa per la sopravvivenza, verso il traguardo dell'autonomia scolastica… e oltre!

«Giovanotti!» esordisce con il tono del generale d'armata che motiva le truppe. «Sono in questa scuola dallo scorso anno e ho raccolto l'eredità della Happy Orchestra, il nostro fiore all'occhiello. Ebbene, non intendo che questo fiore appassisca. Grazie a noi, anzi, rifiorirà più rigoglioso!»

Ha un attimo di esitazione: «Voi lo sapete, vero, che cos'è la Happy Orchestra?».

Ventidue teste annuiscono con vigorosi cenni dall'alto in basso. Non sono necessarie spiegazioni. La Happy Orchestra – fondata nella notte dei tempi da un orchestrale che per sbaglio era finito a insegnare – aveva coinvolto generazioni di abitanti del quartiere. Di padre in padre, di nonna in madre e in figlia, intere famiglie, come suonatori prima e come pubblico poi, si erano sorbiti esecuzioni su esecuzioni dell'orchestra (di ragazzi) e del coro (solo di adulti) in ogni occasione ufficiale: festa di Natale, festa di Pasqua, fine anno scolastico, anniversari e ricorrenze, commemorazioni, visite ufficiali e compagnia bella. I ragazzi delle classi prime sostituivano i fuoriusciti di terza dell'anno precedente e in questa maniera la tradizione si è perpetuata.

Anche dopo le medie molti tornano per suonare, se manca qualche strumentista (causa appendicite, rosolia, pertosse): lo fanno perché si divertono, per cercare affetto, per vedere gli amici o perché non hanno niente di meglio da fare. Di norma, la collaborazione si chiude quando arrivano un fidanzamento ufficiale, un trasloco o il momento del torneo scapoli-accompagnati (per i maschi) e dei corsi di ballo latino-americano (per le femmine e i maschi che non giocavano a calcio).

Non di rado alcune esecuzioni della Happy Orchestra sono state vere e proprie “esecuzioni capitali”.

Scavando nella memoria di Alfredo, si potrebbero scoprire alcune sue storiche considerazioni su questo argomento.

Dopo una versione molto sofferta dell’Hallelujah di Händel, disse:

«Se aprono adesso la tomba di Haendel ci trovano solo i tappi per le orecchie».

Durante l’Eroica di Beethoven:

«Ludwig Van li aspetta nell’al di là, con il bastone in mano».

Alla fine di un Bolero di Ravel:

«Il pubblico sta sbadigliando così forte che ha generato un anticiclone».

Intanto, in tre minuti netti, la prof di musica ha finito la propria introduzione e lancia la sfida:

«Servono musicisti. Tanti, subito. Datemi il vostro talento e ci faremo ascoltare da tutta la città!».

Giulietta alza la mano per prima.

«Dimmi, cara» le sorride la Bertolini.

«Perché non facciamo un corpo di ballo che si esibisce con l'orchestra?»

La prof è presa in contropiede, ma non tentenna: «Certo... non c'entra molto adesso, ma... be' parlane con la docente di educazione fisica. Anche lei dovrebbe pensare a darsi una mossa per la scuola... Ma, che cosa stavo dicendo?»

I ragazzi se lo ricordano benissimo. Chi non vorrebbe scoprire che a scuola cercano musicisti? Chi, a undici anni, non si sente un musicista?

#10

IO! IO! IO!

«Io suono il clarinetto!» dicono Soraya e Miranda perfettamente all'unisono. Nemmeno riprovando per secoli sarebbero riuscite a far coincidere perfettamente suoni e cadenze.

La prof di musica si guarda attorno: «Chi ha parlato?»

«Io!» e di nuovo la perfetta sincronia.

Basilio si commuove davanti al disorientamento della Bertolini: «Sono due, prof! Quelle due!» e punta un dito della mano sinistra verso Soraya e un dito della mano destra verso Miranda.

«Perfetto!» esulta la docente. «Le audizioni saranno: giovedì per i fiati, venerdì per gli strumenti a corda, lunedì per le percussioni, martedì per i legni, mercoledì per gli strumenti a tastiera». Poi, incoraggiante: «Non credo che in questa classe suonino solo loro. Chi altro?».

Rispondono due voci, differite l'una dall'altra di una frazione di secondo. Dicono la stessa parola: «Batteria...».

Le due voci vengono dallo stesso angolo in fondo all'aula. Una da un corpaccione, quello di Fabio (sì, si chiama così il ragazzo voluminoso e poco raccomandabile), e una da un corpaccino, quello di Filippo.

I due evitano accuratamente di guardarsi e fissano ostinatamente la Bertolini.

La prof sospira:

«Un batterista ci serve proprio, ma uno solo». Quindi sorride: «Sceglieremo il più bravo tra voi due!».

Lo sguardo assassino che Fabio e Filippo si scambiano raggela l'aula e porta un certo freschetto anche laggiù nel Sahara.

La prof Daniela Bertolini volta

le spalle alla classe ed esce dall'aula lasciando dietro di sé l'eco di un «Grazieeeee!».

LE RIVALITÀ ALLE MEDIE

ANCHE SE SEI NELLO STESSO ISTITUTO GIÀ DALLA MATERNA E ATTORNO HAI COMPAGNI CHE CONOSCI DA SEMPRE, IL PASSAGGIO ALLE MEDIE TI CONSENTE SEMPRE DI RIDISEGNARE IL TUO RUOLO A SCUOLA E NEL GRUPPO, MIGLIORANDOLO. QUESTO PROVOCA QUALCHE ATTRITO CON QUELLI CHE NON RIESCONO A FAR PACE CON IL TUO NUOVO ATTEGGIAMENTO? QUALCHE ATTRITO CI STA, NON AVERNE PAURA. SAPESSI QUANTE NE HA PASSATE ALFREDO!

#11

LA CARAMELLA CHE MI PIACE TANTO

La prof di lettere, la povera Diliberti, più distratta dei propri studenti, riprende la lezione. Nessuno l'ascolta: stanno succedendo troppe cose tutte insieme!

Le sue parole diventano un chiacchiericcio in sottofondo, mentre i ragazzi seduti nei banchi non possono non sentire gli strascichi della tensione che fa vibrare anche le pareti.

Filippo è il ritratto dell'avvilimento.

Fabio, al suo fianco, sorride come un gatto che ha la coda del topo tra i denti.

Soraya e Miranda, scavalcando Giulietta, si stanno dando appuntamento per il pomeriggio.

«Anche Filippo?» chiede Miranda, muovendo solo le labbra.

«Sì, poverino!» risponde allo stesso modo Soraya. Ed è in quell'istante che sente l'irreprimibile desiderio di mandare un bigliettino di consolazione al suo batterista preferito.

Però, scrivere un bigliettino è una cosa che non si dovrebbe fare. Soprattutto se sei al primo giorno di scuola, in una nuova classe e con una nuova insegnante.

Scrivere però sarebbe giusto perché aiuterebbe Filippo, che non se la sta passando per niente bene. Fabio gli ha pure messo un gomito sul suo banco, schiacciandolo un po' di più contro il muro.

Scrivere sarebbe sbagliato perché se la prof se ne accorgesse, questa si rivelerebbe una pessima maniera per iniziare l'anno scolastico.

Che fare? Che cosa scegliere?

Soraya ha già strappato il foglio dal blocco che ha sul banco. È tormentata. Farlo o non farlo?

Alla fine sceglie, come sceglie quasi sempre: a caso.

LA MANIERA IDEALE PER SCEGLIERE CHE FARE SAREBBE VALUTARE ATTENTAMENTE LE CONSEGUENZE: SE NON LO FACCIO CHE SUCCEDE? SE LO FACCIO CHE SUCCEDE? RISPONDERE ONESTAMENTE A QUESTE DOMANDE E POI DECIDERE. NON È UNA FORMULA MAGICA, SI PUÒ SBAGLIARE LO STESSO, MA ALLENARSI NON GUASTA.

E infatti Soraya scrive:

> Ce la farai, sei il migliore! Ci vediamo oggi?

Piega la carta, ci scrive sopra “x Filippo” e la mette dentro al blocco, in modo che ne sporga un angolo. Poi scavalca Giulietta e passa il blocco a Miranda. La ragazza coglie al volo, ma giudica che il block notes sia un po’ troppo vistoso. Sfila il bigliettino, lo piega ancora una volta e lo chiude nel pugno che allunga verso Veronica.

Veronica arrossisce fino ai capelli, come se avesse scritto in fronte la parola “COLPEVOLE” a caratteri luminosi. Rigida come un palo, si inchina verso il suo vicino e lascia il bigliettino davanti a lui, che è nientemeno che Basilio.

Durata dell'azione: cinque secondi.

Litri di sudore persi da Veronica: due.

Durata del trauma nella sua psiche: vent'anni circa (stima al ribasso).

E adesso tocca a Basilio. Lui non si scompone, anzi si esibisce in un lancio magistrale. Accartoccia il bigliettino e gli fa compiere una perfetta traiettoria attraverso due terzi dell'aula.

La carta stropicciata atterra dritta nelle mani di Patrick. Lo *sciack* dei suoi palmi che si uniscono attira l'attenzione della Diliberti, che scatta con la prontezza di un cobra.

«Che cosa hai in mano, tu?» e su chi sia il "tu" non ci sono dubbi.

Patrick ha le mani giunte e gli occhi sbarrati. Si volta verso Basilio, che ha l'aria distratta di chi non ne sa niente.

Soraya si mangia le dita e Miranda si morde le labbra.

Veronica ha l'anima in frittura.

Patrick sente allora nascere dentro di sé una spinta coraggiosa che nemmeno sospetta di avere. E decide: si sacrificherà per tutti.

Con la voce pigolante di un pulcino che esce dal guscio e trova l'alligatore, dice:

«Niente, professoressa. Una caramella».

Porta una mano chiusa alla bocca.

La tensione nella classe potrebbe tenere accesa Las Vegas per un mese.

Patrick introduce qualcosa in bocca e comincia a masticare mostrando i palmi vuoti.

La prof continua a fissarlo.

Patrick continua a masticare.

Nessuno respira più.

Patrick deglutisce giusto in tempo perché nessuno muoia per eccesso di apnea.

L'applauso parte spontaneo e la Diliberti non ne capirà mai la ragione, dal momento che nel frattempo è suonata la campanella per l'intervallo.

#12

NELLE TERRE SELVAGGE

Tutti aspettano l'intervallo? L'intervallo, in realtà, è l'Inferno dei timidi, degli imbranati e dei solitari.

Davvero l'intervallo è bello? Dipende.

Da che cosa dipende? Da molte cose.

TIPO di STUDENTE	OLTRETOMBA SCOLASTICO
Predatori	Purgatorio
Sciacalli	Inferno
Animali da tana	Limbo
Prede elettive	Purgatorio
Allegri	Inferno

Il primo intervallo si passa in gruppi compatti, a raccontarsi che cosa è successo nelle ore precedenti. Ciascuno trova insopportabilmente noiosi i racconti degli altri, ma li ascolta con impaziente pazienza per avere il diritto di riferire i propri.

Tutti gareggiano per dimostrare di essere stati i più impegnati, con gli insegnanti migliori e più simpatici. Sugli insegnanti comuni ci si accanisce senza pietà, come lanciatori di coltelli che sperano di sbagliare la mira per ferire meglio.

L'unico elemento costante è che l'intervallo è troppo breve.

L'elemento costante dell'intervallo alla Malabrocca è che Alfredo ha un pubblico devoto quanto quello del Papa in San Pietro.

Per non smentirsi, anche il primo giorno di scuola, Alfredo colpisce. E con gran mira. Sceso dalle scale del piano di sopra come fanno i divi ai festival musicali, benedice con qualche occhiata bonaria alcuni ragazzini dallo sguardo adorante.

Un paio di ragazzine arrossiscono fino alle ascelle quando le fissa. Quella a cui ha fatto l'occhiolino viene trascinata in bagno da un paio di amiche verdi d'invidia.

Poi Alfredo getta un'occhiata (a due occhi) a volo radente sulla piccola folla, cercando di individuare suo fratello Basilio. Ma intercetta qualcosa. È un capannello di tre.

Uno è Zuccarelli Giacomo, sventuratamente sceso perché i bagni del piano di sopra erano pieni di ragazzi che si spruzzavano con l'acqua dei rubinetti. Impaurito da quella scena troppo forte per i suoi fragili nervi, è corso di sotto. Infatti, ha riflettuto che di sotto ci sono la segreteria e l'ufficio della Dirigente. Chi mai combinerebbe un guaio con tutti quei guardiani attorno?

Senza sapere di star commettendo un grave errore, ha preso con sé il suo sacchetto di patatine fresche e fragranti e ha sceso le scale.

Ora si trova addosso un tizio, che per praticità chiameremo "Il Ciuffo", e un tipo che per comodità chiameremo "Il Brufolo".

Il Ciuffo si avvicina strascicando i piedi a terra e con l'aria di non avere una meta, ma la meta ce

l'ha eccome: è lo Zuccarelli Giacomo in persona, la sua meta. Il Brufolo gli sta alle spalle, ed è nervosetto. Ne ha tutte le ragioni: non vorrebbe fare quello che sta per fare, ma Il Ciuffo lo costringe e lui non sa dire di no.

«Belle le tue patatine» butta lì Il Ciuffo.

Peccato che lo Zuccarelli Giacomo non abbia capito che il tizio sta parlando con lui.

Il Ciuffo si scoccia e gli si para davanti:

«Belle le tue patatine. Proprio quello che vorrei per ricreazione».

Zuccarelli Giacomo, che non ha mai avuto a che

fare con il racket della merendina, non afferra e, infatti, risponde:

«Ne ho un pacchetto solo, mi dispiace».

Il Ciuffo si volta verso Il Brufolo:

«Spiegaglielo tu».

Il Brufolo non sa se riuscirà ad essere più chiaro di così e, per di più, si sta avvicinando la ragazzina che gli piace parecchio e lo sta fissando.

Un po' nervosetto, Il Brufolo si sforza di fare in fretta e, senza attirare troppo l'attenzione:

«Dagli le tue patatine e poi sparisci».

Ed è a quel punto che Alfredo piomba su di loro. Appoggia, per la seconda volta nella mattinata, il suo braccio protettore sulle spalle di Zuccarelli Giacomo. «Lui è mio amico» chiarisce. «Morti di fame, stategli alla larga».

Ed è così, con un solo gesto e poco più di quattro parole, che Alfredo sventa il primo assalto dell'intervallo, facendo cadere in frantumi le speranze de Il Brufolo di fare bella figura con quella ragazzina che gli piace tanto.

Il trillo della campanella che chiude l'intervallo è suonato direttamente da un arcangelo. Di questo, almeno, è convinto Zuccarelli Giacomo.

#13

IL BRACCIO VIOLENTO DELLA LEGGE

La 1C trascorre il resto della mattinata in balia del prof di matematica, il terribile Manlio Affini.

Dà i numeri? Quasi: dà i compiti. Ancora prima di cominciare la lezione! Numeri di pagina e numeri di esercizi come frecce avvelenate sulle teste di ventidue tristissimi elementi. Avvilitissimi, per di più.

Dopo la raffica di numeri sparati a caso o poco meno, Manlio Affini prova a conquistarsi gli studenti nuovi entrando in modalità "simpaticone che ispira fiducia".

Comincia a parlare passeggiando tra i banchi.

Quando un prof passeggia tra i banchi, gli studenti provano l'irresistibile impulso di nascondere qualcosa, anche se non c'è niente di male in ciò che tengono sul ripiano. Affini questo lo sa, quindi punteggia la passeggiata per la classe di movimenti improvvisi. Due passi avanti, giravolta per invertire la marcia. Tre passi, scarto a destra. Quattro passi, scarto a sinistra, un passo e giravolta. Agli studenti bastano cinque minuti per avere i banchi vuoti e sentirsi attanagliati da una certa nausea, tipo mal di mare.

Mentre cammina, Affini parla.

«Mi hanno detto che siete dei tipi in gamba. Quindi so che potete provvedere da voi a mettere insieme un buon regolamento di classe. Perché ogni classe deve darsi delle regole da rispettare. Giusto?»

Alla parola regola lo studente normale sente agitarsi qualcosa dentro di sé. Che cosa? Dipende dallo studente… e dalla posizione che occupa tra Inferno e Purgatorio. Vediamo la casistica. Si possono provare:

- disponibilità alla cieca disobbedienza
- bruciore agli occhi
- desiderio di fuga
- una profonda irritazione non localizzata
- un senso immediato di sfida
- fame di cioccolato e formaggio

Quale che sia la reazione provata, tutti gli studenti che hanno alle spalle almeno cinque anni di scuola sanno che cosa ci si aspetta da loro. E lo dicono. Che poi lo facciano o no, è un altro paio di maniche. Facciamo un esempio guardando quel che accade in 1C.

«Parliamo uno alla volta!» dicono in cinque, tutti insieme.

«Ascoltarci mentre parliamo» dicono altri quattro che fanno a gara per essere i primi a parlare.

«E rispettare i turni!» dicono Fabio e Filippo sgomitando per tenere giù il braccio del vicino.

«Rispettarci tra noi!» propone Sara, famosa per essere tra le più perfide pettegole della sua generazione (reputazione che viene confermata da una risata corale).

Basta questo per esaurire la pazienza di Affini.

L'aveva detto lui, a tutto il Consiglio di Classe (cioè l'adunata periodica dei docenti che insegnano tutti in una stessa classe), che detesta quelle manfrine del primo giorno di prima media.

«Altro che accoglienza!» aveva esclamato durante la riunione, i primi di settembre. «Devono lavorare da subito, e sodo! Che poi è da tutte queste perdite di tempo che si fanno l'idea che qui non si lavora. È in queste smancerie del primo giorno che germina in loro il seme del lavativo. Quello che mette radici e cresce come un baobab in meno di una settimana. Poi finiamo per avere tra i piedi degli sfaticati come quel... quel...»

«Alfredo?» aveva suggerito la Dirigente.

Affini aveva annuito e tutti i suoi colleghi avevano scosso la testa, afflitti.

Per questo, in 1C, all'improvviso il piglio del prof di matematica diventa quello di un assalitore sulle linee nemiche, appena ordina:

«Le regole le detto io. Voi scrivetele e basta».

1. In classe si ascolta in silenzio, fermi ai propri posti, altrimenti si viene puniti.
2. Si chiede la parola alzando la mano e se il professore concede di parlare, altrimenti si viene puniti.
3. Si porta a scuola tutto il materiale necessario, altrimenti si viene puniti.
4. Si svolgono tutti i compiti assegnati, altrimenti si viene puniti.
5. È indispensabile evitare qualsiasi forma di protesta, altrimenti si viene puniti.

Alfredo lo aveva già anticipato. Ci sono i prof che ti convincono che le regole devono nascere "dal basso", dalla classe, da scelte condivise. Se sopravvivono al momento della rissa per la definizione delle regole suddette, poi diventano simpatici.

Ci sono invece altri professori che le regole le impongono dall'alto, come un coperchio pesante che soffoca una pentola in pieno bollore.

LE REGOLE SCRITTE

LE REGOLE NASCONO DAL BASSO QUANDO LE FANNO NASCERE GLI STUDENTI DA UN PACIFICO CONFRONTO. LE REGOLE NASCONO DALL'ALTO QUANDO LE PROPONGONO I DOCENTI. LE REGOLE NASCONO DAL LATO QUANDO QUALCUNO LE CONDIVIDE E QUALCUNO NO. LE REGOLE CHE NESSUNO CAPISCE SONO QUELLE CHE VANNO DI TRAVERSO!

Alfredo è indubbiamente saggio e forse per questo al piccolo ma attento pubblico in ascolto (composto da Basilio e dai suoi amici destinati alla 1C) aveva precisato:

«Che facciano in un modo o che facciano nell'altro, non conta. Il risultato è comunque lo stesso. Le regole restano scritte su un cartellone affisso a una

parete dell'aula o su un quaderno. Quelle, insomma, saranno le regole scritte. Le regole vere, invece, saranno quelle fatte dai vostri gesti e da quelli dei professori. E potranno essere diverse per ciascun docente».

(C'è da ammettere, a commento di questa frase di Alfredo, che – quando ci si mette – il ragazzo parla bene.)

«Non è giusto!» si era lamentata Soraya.

«Se non ti piace,» le aveva risposto Alfredo «fai in modo che per voi sia diverso. Ma, ti avverto: non è detto che sia facile».

Mentre tutti – persino Miranda – tacevano, Giulietta non aveva saputo trattenersi. «Ci sono due cose fondamentali nella vita: accettare le condizioni preesistenti o accettare la responsabilità di cambiarle» sentenziò.

«Che cosa hai detto?» aveva chiesto Patrick.

«Una famosa frase di Anita Roddick».

«E chi è?» aveva domandato Filippo.

«Non lo so» era stata la risposta candida di Giulietta.

«Ma allora dove le prendi tutte le frasi dell'accidenti che citi sempre?» si era spazientito Basilio.

A Giulietta era sembrata la cosa più naturale del mondo rispondere:

«Mia mamma le scrive sull'agenda».

«Perché?» si era incuriosito Alfredo.

«Non lo so» e Giulietta si era stretta nelle spalle.

Patrick era sempre più perplesso.

«Tu leggi l'agenda di tua madre?»

«Solo quando mi annoio» aveva garantito Giulietta.

#14

USCIAMO, FINALMENTE!

Quando esci da scuola dopo il primo giorno di prima media, fermati e pensa.

Quanto tempo ti pare sia passato da quando sei entrato?

Questa domanda, posta a un campione sufficientemente vasto di studenti, ha ottenuto come risposta le seguenti affermazioni:

A) due giorni interi

B) un mese

C) un anno

D) entrato qui? No, ci sono nato!

Se anche la tua risposta sarebbe su questo tono, non ti preoccupare: è l'effetto del tempo intenso carico di novità e della tensione interiore.

È anche l'effetto che fa la scuola in generale.

Ci sono persone che, quando hanno preso il diploma alle superiori hanno candidamente ammesso:

«Non ricordo un solo giorno della mia vita che io abbia vissuto senza essere uno studente».

La scuola, in effetti lascia una traccia indelebile in tutti. Posso dimostrartelo. Chiedi in giro e scommetto che troverai una maggioranza di persone che, qualsiasi età abbiano, sono disposte a sottoscrivere che:

1. Il vero anno non è quello che inizia a gennaio e finisce a dicembre ma quello che inizia a settembre e finisce a giugno.

2. Il profumo della cancelleria nuova provoca una forte emozione.

3. Incontrare un maestro o un prof ti fa stare sempre un po' attento a come dici quello che pensi.

4. Incontrare un maestro o un prof provoca una vaga irritazione.

5. Passare davanti alla tua vecchia scuola ti fa ricordare qualche compagno che avresti voglia di rivedere (ma che non chiami, perché – sotto sotto – sei stato un po' felice di liberartene).

Bene, comunque, una volta che hai superato il primo giorno di scuola, il grosso è fatto: il resto è vita.

#15

TUTTE PER UNA, UNA PER TUTTE

Pare che, messo piede alle medie, tutto cambi.

È FALSO!

Per esempio, per il pomeriggio del primo giorno di scuola media, Miranda e Soraya non escogitano niente di meglio di ciò che hanno fatto per tutta la quinta elementare: radunarsi con Patrick e Filippo nel seminterrato della casa di Basilio. Giulietta ha insistito per esserci e non sono riusciti a seminarla.

Una significativa differenza rispetto ai raduni delle elementari è che Soraya e Miranda tengono il clarinetto sottobraccio. A casa di Basilio si può anche suonare: la baraonda di figli e gli schiamazzi continui rendono possibile tra quelle mura pressoché qualsiasi cosa, a cominciare da raduni sterminati di amici.

E dove sono, a casa di Basilio? Al solito posto! E cioè? Nella tavernetta, in una disposizione abbastanza classica.

Soraya e Miranda sono sedute su sedie di plastica scompagnate. Patrick, Filippo e Basilio fanno finta di ascoltarle: seduti uno accanto all'altro su un divano sfondato, chattano tra loro, senza rivolgersi la parola. Stanno scrivendo di cose "da maschi", coprendo gli schermi con il dorso della mano: non vogliono che le amiche si intromettano nei fatti loro.

Le ragazze, del resto, hanno la mente altrove. L'unica che cerca di interloquire è Giulietta, che, sotto la felpa e i pantaloni sportivi, si è messa la tutina da ginnastica artistica. Domandatevi perché. Anzi, no, è troppo facile. La prima cosa che dice è: «Io sono pronta».

«A cosa?» le chiede Basilio guardandola dal basso in alto e dall'alto in basso per essere sicuro che abbia davvero avuto il coraggio di presentarsi lì in quella tenuta.

«Per una coreografia. Io la preparo: magari convinco la prof!»

«Senti…» attacca Miranda, ma non finisce perché Filippo la interrompe.

«Sono cinque anni che la conosci, e ancora discuti con Giuly?»

L'intervento di Filippo zittisce tutti: ha ragione. La storia lo dimostra.

Ecco perché adesso Giulietta decide di ignorare i maschi e comincia a fare esercizi di riscaldamento ascoltando le due clarinettiste.

«Dobbiamo studiare una strategia per essere prese tutt'e due» dice Soraya.

«Io ce l'ho» le assicura Miranda, con il tono di chi sa quel che fa.

«Ah… Quale?»

«Dobbiamo essere furbe» e non aggiunge altro.

Il suo silenzio spinge Soraya a parlare.

«Riesci a essere più precisa?»

«Dobbiamo preparare un brano, no? E invece ne prepareremo due!»

Soraya dà una ciucciatina all'ancia e alza un sopracciglio: «Ti pare furbo?».

«Lasciami finire!»

«Non aspetto altro…» e per ascoltare si appoggia allo schienale. Il cigolio sottolinea l'attesa.

«Il primo brano che proporremo sarà uguale per tutt'e due. Lo stesso identico, e ci alleneremo a eseguirlo insieme nello stesso identico modo»

Miranda, a questo punto, si aspetterebbe un cenno di approvazione. Non arriva e allora prosegue:

«L'altro brano sarà diverso. Tu scegli il tuo brano e io il mio, ma lo faremo insieme».

Soraya si gratta una caviglia strofinandola contro la custodia dello strumento come se volesse dire qualcosa di intelligente, ma finisce per essere sincera: «Mi hai confusa».

Miranda alza gli occhi al cielo (per un attimo ricorda abbastanza la Diliberti, anche se i suoi occhi non sono da rospo) e spiega di nuovo, lentamente, come a un compagno tonto.

«I "secondi brani" li concordiamo perché devono essere completamente diversi: imparagonabili! In un'orchestra ci possono essere più clarinetti e noi dobbiamo essere prese entrambe. O uguali, o non paragonabili. Hai capito la logica, adesso?»

Soraya non è sicura che ci sia una logica in ciò che sta ascoltando, ma non lo fa notare.

«E quando li scegliamo?»

«Niente da fare!» sbuffa Miranda. «Sei lenta, ma lo sapevo già. Per questo li ho preparati io prima di venire qui» e schiaffa sotto il naso di Soraya un fascicoletto di spartiti pescati dallo zainetto.

Giulietta allunga il collo e finge di non essere delusa. Si aspettava un po' di rock, ma è tutta roba straclassica.

«Beate voi...» sospira Filippo, che ha smesso di chattare e, con il cellulare in grembo, le guarda con sincera invidia.

«Troveremo una strategia anche per te, stai tranquillo» lo conforta Miranda.

Giulietta si sente in dovere di dire qualcosa e aggiunge:

«Quel bruto di Fabio mi sta già molto antipatico».

«Magari è bravissimo» sbuffa Filippo, che non ha mai contato l'ottimismo tra le sue qualità più evidenti.

Soraya sorride come fa con la sua sorellina piccola: «Non può essere più bravo di te!».

Filippo, purtroppo, è già nella parte dell'uomo vinto e disperato.

«Come fai a dirlo?»

«Lo dico è basta!» cerca di liquidarlo Soraya.

Miranda le fa cenno di tacere e poi si rivolge al suo amico con il tono che ha imparato dalla psicanalista che incontra da quando i suoi si stanno separando:

«Tu devi pensare positivo. Devi. Chiaro?».

«Io non so pensare positivo».

L'ostinazione di Filippo spazientisce anche Miranda:

«Imparerai, accidenti!».

«Non so se posso imparare».

«Se non la smetti di lagnarti, ti spacco un tamburo in testa».

A parlare è Basilio, che non riesce a chattare con Patrick in mezzo a quella discussione.

Filippo scuote la testa.

«Non hai un tamburo, qui. Se ne prendi uno di questa casa e lo rompi, la tua famiglia intera si organizza e ti pesta, ti fa a pezzi, ti surgela, ti scongela nel microonde, ti fa bollire in lavatrice e ti dà in pasto ai cani dei vicini».

Basilio sa che è vero, ma ha un piano di riserva.

«Vado a prenderlo a casa tua, lo porto qui e te lo spacco in testa».

Filippo non sa se dice sul serio, ma sa che da Basilio ci si aspetta di tutto, quindi reagisce:

«La mia mamma non ti lascerebbe entrare e nemmeno uscire con uno dei miei tamburi!».

Anche Patrick molla la chat, dove per altro è rimasto solo: «Che noia che sei, Filippo!».

«Dai proviamo…» dice Miranda, per cambiare discorso.

Basilio approva: «Io vi riprendo mentre suonate, così poi vi riascoltate».

Soraya si aggiusta i capelli con un gesto istintivo: «Fantastico, dai!».

Anche Giulietta si ravviva: «Io, intanto, ballo dietro! Magari lo facciamo vedere alla prof e…».

Lascia perdere solo perché tutti hanno alzato gli occhi al cielo, lasciato cadere le braccia lungo il corpo e sospirato.

«Allora, pronte!» dice Basilio.

Miranda saltella: «Sì! E vinceremo! Abbiamo la strategia giusta!».

È a questo punto che Giulietta prende l'impostazione di un'annunciatrice radiofonica e declama:

«Per ogni impresa di successo c'è qualcuno che, in passato, ha preso una decisione coraggiosa».

Patrick storce il naso: «Che cosa hai detto?».

«Non l'ho detto io».

«Sì che l'hai detto!»

«Intendevo che non sono parole mie, è una famosa frase di Peter Drucker».

Basilio fa finta di sapere chi sia, ma Filippo non sa mentire: «Chi è?».

«Non lo so...» ammette Giulietta, stringendosi nelle spalle. «L'ho letto da qualche parte».

Giulietta sarebbe anche disposta a sforzarsi per ricordare dove lo ha letto, ma i suoi sforzi sono interrotti da Alfredo, che entra senza bussare e ordina: «Filippo, Patrick, con me».

Nessuno disobbedisce ad Alfredo e i due, come i topi dietro al pifferaio magico lo seguono senza nemmeno chiedere "dove" o "perché".

«Dove andate?» chiede Giulietta, ma la sua domanda rimbalza contro la porta sbattuta con energia.

Chissà che cosa c'è dietro. Forse il fatto che una volta Alfredo sia stato membro della Happy Orchestra...

#16

AMARCORD

Alfredo era stato il miglior sassofonista che la Happy Orchestra abbia mai avuto. Lo dicono tutti.

All'epoca in cui suonava, per consentire che il suo talento si esprimesse al meglio, nel repertorio erano stati aggiunti incomprensibili brani di musica jazz. E Alfredo teneva a sottolinearlo: nessun compositore jazz, vivo o morto che fosse, aveva mai sofferto per una sua esecuzione.

«Accidenti, che anestesia gli fai?» gli aveva chiesto suo padre una volta che lo aveva sentito vantarsi. Suo padre era l'unico che osasse prendere in giro Alfredo, ma questo discorso è un'altra storia.

Alfredo aveva abbandonato il sassofono (e no, non era stata colpa di suo padre).

Lasciato lo strumento, aveva preso l'abitudine di

presentarsi alle prove a mani vuote, anzi no: con un pacchetto di pop-corn. E li mangiava. Facendo scricchiolare il sacchetto.

Esasperata da quel rumorino costante, ormai a un passo dall'esaurimento nervoso, la prof (che non era ancora la Bertolini) gli aveva proposto la chitarra. Rifiutata.

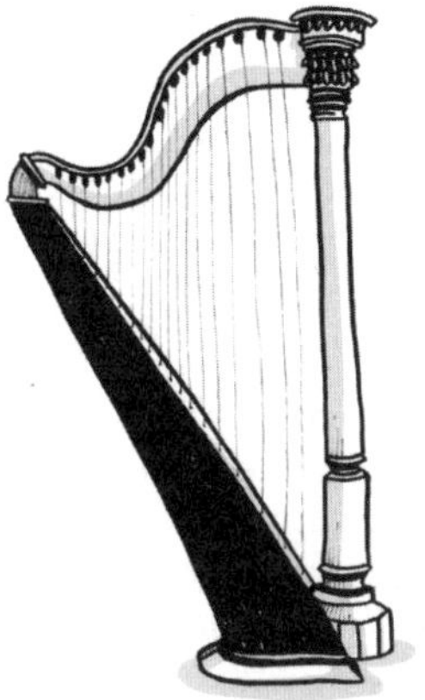

Il violino. Scartato.

L'arpa. Respinta con grasse risate.

Il flauto. Ignorato.

L'armonica a bocca. Questa venne presa in considerazione e Alfredo la suonò per un quadrimestre, raggiungendo livelli più che accettabili perché di orecchio ne aveva. Gli venne letteralmente strappata di bocca dalla Dirigente in persona quando Alfredo prese l'abitudine di intonare motivetti sconci e cori da stadio al culmine delle serate solenni.

Gli venne in seguito suggerito il triangolo, da cui venne rimosso per conclamata incapacità. Passò a fare il volta-spartito dei fiati. Venne poi allontanato anche da questo incarico quando i flauto tenore lo accusarono di divertirsi a mescolare i fogli.

«Perché! Dimmi perché!» urlò esasperata la prof di musica.

«Per vedere l'effetto che fa» aveva risposto lui.

La prof aveva avanzato immediata richiesta di pensionamento anticipato ed era arrivata la Bertolini.

Da allora Alfredo non era stato più ammesso nemmeno nei paraggi della Happy Orchestra, ma si era assicurato un posto nel Paradiso Terrestre scolastico, in cima al Purgatorio. Lo aveva spinto lassù la stima dell'intera scolaresca.

IN PENSIONE

PERCHÉ I PROF POSSONO ANDARE IN PENSIONE E GLI STUDENTI NO? AL TERMINE DI UNA MATTINATA A SCUOLA TUTTI GLI STUDENTI SI SENTONO PRONTI PER LA PENSIONE. PERÒ LORO SI RIPRENDONO IN UN POMERIGGIO. A CERTI DOCENTI, PER RIPRENDERSI DA CERTE MATTINATA A SCUOLA, NON BASTA UN MESE. PER QUESTO, ALLA FINE, LORO VANNO IN PENSIONE. GLI STUDENTI, INVECE, PRENDONO ARIA FINENDO GLI STUDI!

#17

IL PRIMO PASSO IN DISCESA

Intanto, il sole sta tramontando sul primo giorno di scuola.

«È il momento di dare i numeri?» chiede Basilio.

Lo chiede perché lui ha esaurito la memoria del cellulare a forza di riprese e, soprattutto, Giulietta ha esaurito la pazienza di tutti con la sua fissa per la danza. Del resto, anche lei comincia ad accusare qualche crampo e un po' di mal di gola (sorridere in continuazione saltellando qua e là può fare questo effetto. I crampi, infatti, le prendono le guance).

«E i libri? Io non li ho portati…» e già Soraya sente graffiare il senso di colpa in fondo alla pancia.

«Il libro l'ho io e vi do qualche foglio con i buchi da mettere nel quaderno con i ganci» rassicura Basilio.

Attenzione: in questo momento Basilio può sembrare uno studente per bene, ma:

1. anche il più scellerato dei ragazzi prova a essere diligente nei primi giorni di scuola
2. in questo momento, Basilio pulirebbe i gabinetti della stazione dei treni pur di non dover più sentire suoni di clarinetti e commenti di Giulietta

Proprio Giulietta, però, pone il problema: «Aspettiamo Filippo e Patrick? Intanto, balliamo ancora un po'...».

«Non dire niente e facciamo matematica!»

Il tono di Basilio convincerebbe Dracula a bere un tè caldo.

Così, volenterosi come piccole api operaie, cominciano a dare i numeri.

Dopo cinque minuti stanno ancora dando i numeri.

Dopo dieci minuti stanno ancora dando i numeri e si meravigliano.

«Ma sono facili!» nota Soraya.

«Proprio facili!» ribadisce Miranda.

«Sono per domani?» chiede Basilio.

«No» risponde Giulietta (è la prima cosa che dice da un pezzo: sembra un po' offesa che nessuno voglia ballare).

È Basilio che butta lì: «Allora possiamo farli un altro giorno: si fanno in un attimo».

«E che facciamo?» nella domanda di Giulietta c'è un filo di speranza danzerina che nessuno incoraggia.

«Giochiamo alla play?» propone Soraya, che ha già lasciato la penna e piegato i fogli.

«Ok!» approva Basilio.

Ci si mettono in un secondo. Tv accesa, consolle attivata, sedie in posizione.

Stanno per cominciare, quando rientrano Patrick e Filippo.

«Ma voi giocate!» li accusa Patrick.

«Matematica è facile...» dice Soraya.

«L'avete già fatta?» vuole sapere Filippo.

«Non tutta» fa presente Miranda.

Patrick è sospettoso: «E noi?».

A tranquillizzarlo pensa Basilio: «Dopo vi facciamo copiare quelli che abbiamo fatto».

Non è nemmeno necessario insistere per convincerli che giocare è meglio.

Alle loro spalle, però, si sente la voce di Alfredo: «Bene, bene, bene…».

Il suo tono non promette niente di buono.

«Cioè?» chiede Basilio, senza nemmeno girarsi. Lui è l'unico che non si senta colto sul fatto. Gli altri cinque, invece, provano la stessa emozione di quando sei in bagno, seduto sul water, e qualcuno apre la porta.

«Ho sentito tutto» e la voce di Alfredo è pericolosamente suadente.

Si irrigidiscono tutti, ma Basilio non molla: «E allora?».

Alfredo si fa istrionico:

«Sapete che cos'è successo? Avete messo il piede su una china scivolosa…».

Basilio si agita sulla sedia e, per un secondo (uno solo!), stacca gli occhi dal monitor:

«Che vuoi dire?».

«Succede così. Sempre. Apri i quaderni, la cosa ti sembra facile… così facile da sembrare una perdita di tempo. Lasci da parte. Poi prendi sotto gamba il compito successivo e quello dopo ancora e ti trovi...»

«Come te?» chiede Basilio.

Alfredo, finalmente, sembra toccato nel vivo e reagisce: «No, no. Io fino alla seconda ho studiato!».

«E allora?»

«Allora, allora... vi avverto soltanto: ogni volta che dite "è facile, lo faccio domani, lo posso copiare"... ecco, ogni frase così è un passo in più che vi avvicina al baratro...» lascia in sospeso la frase e si avvicina alla porta, che muove producendo un cigolio da film dell'orrore «e in fondo al baratro è solo lacrime e scivoloni. Io vi ho avvertito».

E *SBLAM*, se ne va.

La porta mette i cardini a dura prova e rimbomba. L'eco dello schianto si spegne e cala il silenzio,

«Scherzava, vero?» chiede Miranda.

Basilio si stringe nelle spalle: «Non lo so...».

Nessuno sta più pensando a giocare.

«Io vado a casa, che stasera mi tocca stare da mio padre perché

mia madre esce con quello nuovo» si affretta a dire Miranda, alzandosi dalla sedia. «Magari matematica la finisco da lui...»

«Ti accompagno» le va dietro Soraya. «Ho promesso a mia sorella che l'avrei aiutata ad attaccare gli adesivi nella sua cameretta».

«Siete due secchione e non volete ammetterlo!» strilla Filippo, che non sa più se è meglio giocare o fare matematica.

«Io non lo so,» interviene Giulietta «ma vado con loro!»

Ed è così che nasce la questione: perché è conveniente essere bravi studenti, se giocare ai videogiochi è tanto più bello?

In pochi, sappilo, trovano la risposta.

Come? Ti stai domandando se sia in questo libro? Scoprilo da te, accidenti!

#18

IL SECONDO GIORNO DI SCUOLA

Niente è più orribilmente sottovalutato del secondo giorno di scuola. Tutti, a casa, sono convinti che tu ormai sappia tutto.

Scordati dunque:

A) tutta la famiglia in piedi con te al suono della sveglia

B) la colazione preparata con affetto e premura, da mangiare con calma

C) i vestiti pronti, nuovi, stirati e profumati

D) la pazienza dei tuoi familiari sui materiali scolastici (dalla cancelleria ai libri) che ancora ti mancano

E) la comprensione per il tuo nervosismo

F) il pasto caldo al rientro

G) le domande affettuose su come sia andata (te le faranno ancora, ma non saranno più esattamente affettuose)

H) la curiosità sulla scuola (adesso sarà solo curiosità sui tuoi voti)

Tu, invece, ti accorgi di quanto non sai, e hai più paura del giorno prima.

Per esempio:

A) continui a perderti se devi cercare un bidello

B) non hai ancora capito dove sono nascosti i pennarelli colorati

C) non hai ancora capito gli orari della segreteria

D) confondi la sala delle fotocopie con la segreteria

E) ti sfugge che cosa ci faccia lì il 99% delle persone che vedi

F) non hai ancora capito quanti professori hai

G) non distingui i tuoi professori da quelli delle altre classi

H) non ti sei ancora rassegnato (e forse non lo farai mai) ai compagni di classe che ti sono toccati

I) in caso di terremoto, incendio, alluvione, slavina, eruzione vulcanica, corto circuito o attacco extraterrestre, la via di fuga d'emergenza non sai nemmeno se esiste.

Nonostante tutto questo, il secondo giorno di scuola comincia. Per tutti.

#19

UN'EMERGENZA FAMILIARE

Le giornate storte si riconoscono al volo.

Miranda questa mattina è in ritardo e ha stampata in faccia un'espressione che parla da sola.

Soraya, che, come sempre, l'ha aspettata all'angolo tra via Marconi e piazza Caduti del Lavoro, è arrivata a scuola da sola e un po' preoccupata. Quando vede arrivare l'amica, ormai stanno entrando in aula.

«Come mai non c'eri, stamattina?»

«Lascia perdere... una serata orribile!»

A guardare meglio, è chiaro che Miranda ha una gran voglia di piangere.

«Che cosa è successo?»

Miranda vuoterebbe il sacco anche subito, ma la prof Diliberti (che è sempre tra i piedi!) le sta fissando con due occhietti malevoli da demone infernale.Trova solo il fiato per sussurrare: «Vieni in bagno».

«Non andiamo in bagno, stiamo andando in classe» osserva Giulietta, alla quale i fatti propri non bastano mai e dunque sta ascoltando la conversazione. Le due la ignorano, a denti stretti.

Miranda aspetta solo che tutti i compagni si siano sistemati e che la prof sia riuscita ad accendere il computer sulla cattedra, ma non può aspettare troppo: deve entrare in azione prima che la stanza si faccia silenziosa e tutti la sentano.

Si alza in piedi e si avvicina alla cattedra.

La Diliberti segue il suo spostamento con la coda dell'occhio. Quando nota che Miranda si sta avvicinando, nei suoi occhietti demoniaci si accende una lampadina d'allarme.

«Posso andare in bagno?» chiede Miranda. «Non mi sento bene».

La prof la squadra da capo a piedi con la precisione di uno scanner aeroportuale alla ricerca di indizi di menzogna. Non ne trova: il pallore c'è, le occhiaie ci sono, la voce è debole.

Risultato dell'osservazione dalla cattedra: forse sta male davvero.

«Vai» concede la Diliberti.

«Posso accompagnarla?»

Soraya è sbucata da dietro le spalle di Miranda e le è apparsa a fianco con una manovra felina.

La Diliberti esita.

Soraya la sprona: «Nel caso avesse bisogno di aiuto...» e, per sicurezza, aggiunge: «Alle elementari le capitava sempre di svenire».

«Ma...» quella che sta per parlare è Giulietta, seduta in prima fila. Lei sa benissimo che Miranda ha una salute di ferro. Soraya sa che lei lo sa. Per questo le sta pestando la punta del piede con il tallone.

«Ma?» chiede la Diliberti a Giulietta. Gli occhi della prof sono più rospeschi del solito e roteano inquietanti.

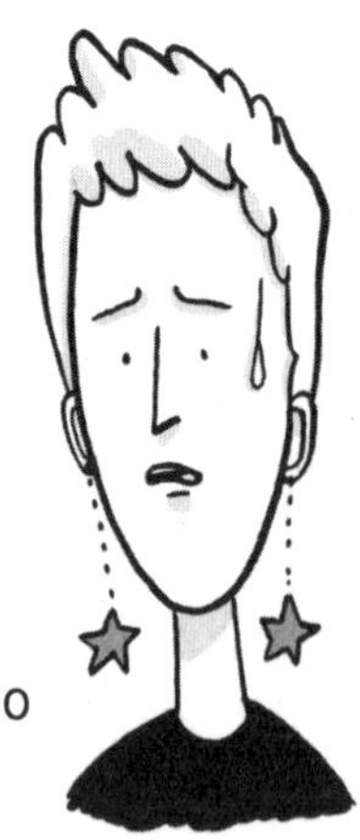

«Ma...» Giulietta ha un rivoletto di sudore tra i capelli. Le rotelle dentro la sua testa lavorano frenetiche, roteando più degli occhi della prof.

Anche Miranda rotea il tallone, e questo scioglie la lingua a Giulietta.

«Dicevo... Mamma mia, meglio che si sbrighino!»

Miranda solleva il tallone, Giulietta tira un sospiro di sollievo e la Diliberti si rassegna:

«Andate in bagno, ma non state via troppo». Solo quando le ragazze sono sulla soglia aggiunge: «Avvertite i bidelli, se vi serve qualcosa».

Miranda e Soraya corrono alla porta come due studentesse perfettamente sane.

#20

IL LUOGO IDEALE

Ecco che le nostre due ragazze sono in bagno.

Ti sfugge forse a che cosa serva il bagno della scuola? Questo è grave!

Il bagno è il vero crocevia della scuola. Serve per diverse attività, sommariamente elencate qui di seguito.

Scambiare pettegolezzi

Qui puoi sapere tutto quello che succede dentro e fuori dalla scuola. Puoi farti i fatti di chiunque e, attenzione, questo significa che in molti potrebbero farsi i fatti tuoi. Niente di ciò che si dice, si fa, e forse anche si pensa, nei bagni della scuola può restare segreto.

Instaurare nuovi rapporti

In bagno sono nate molte amicizie che poi sono durate per tutta la vita. Alcune sono cominciate con la semplice richiesta: «Mi tieni chiusa la porta?».

Altre si sono fondate sulla complicità: «Fai scorrere l'acqua intanto che faccio la pipì, così non si sente il rumorino?».

Altri solidi rapporti di affetto amicale si sono fondati sul silenzio, altri ancora su spruzzi d'acqua nati per dispetto e un numero sterminato è nato dall'origliare le chiacchiere degli altri.

Rompere relazioni durature

Se a scuola c'è un litigio da fare, nella quasi totalità dei casi avviene in bagno. Non si litiga in classe per non prendersi un richiamo disciplinare; non si litiga in corridoio per evitare di dare spettacolo; non si litiga nell'atrio per non rischiare un declassamento infernale. Resta solo il bagno. È chiaro, no? Tra water e lavandini sono andate in pezzi amicizie cominciate al nido, si sono scambiate accuse taglienti come bisturi, sono volati improperi più pesanti di macigni, si sono raccontate le verità più scomode e le bugie più feroci.

Piangere

In qualsiasi momento della vita, piangere è un'operazione che va fatta in luoghi sicuri e con persone fidate. Ma alle medie piangere è più complicato che mai. In classe è tabù, in qualsiasi altro spazio della scuola suscita domande scomode. Il bagno è l'unico posto dove si può piangere in pace. Seduti sopra un gabinetto; appoggiati alla porta; con la faccia contro il muro; piegati in due sul lavandino. E se quando esci ti chiedono perché hai gli occhi rossi, puoi dire che ti ci è entrato il sapone quando ti sei lavato la faccia.

Ordire trame

In bagno non sono solo le amicizie a nascere e a morire. Tra un cesso e l'altro fioriscono strategie per contrastare i bulli, progetti per feste di compleanno, piani di guerra.

Dare appuntamenti per confronti inter-classe

Incredibilmente, nel bagno della scuola si parla anche di scuola, ma succede raramente. Accadde però una volta, di cui Alfredo si ricorda benissimo, in cui i rappresentanti di classe della 3A e quelli della 3B si diedero appuntamento nella toilette dei maschi per confrontarsi sulle verifiche di scienze. Quelli della A scoprirono che quelli della B facevano verifiche a crocette, mentre a loro erano sempre toccate quelle a risposta aperta, molto più impegnative. Usciti dal bagno, i rappresentanti di classe della A avevano compilato una richiesta per modificare le interrogazioni scritte. Era stato un successo. E la dimostrazione pratica che il bagno è un'ottima aula di consiglio.

Passare informazioni scolastiche

Se hai degli amici fidati, puoi darti appuntamento durante le verifiche scritte per farti suggerire le cose che non sai. Se stai leggendo questo libro in classe, fai sparire questa pagina immediatamente. Strappala e mangiala. Ti prego.

Scrivere frasi d'amore e frasi d'odio

È vero, ma dureranno poco e, se la scuola è piccola, ti beccheranno subito. Mi dispiace.

Fare i propri bisogni

A volte...

#21

APRIAMOCI IL CUORE

Il tempo stringe. I bidelli incombono. La Diliberti aspetta. Soraya non perde tempo:

«Che cosa succede?».

«Non hai idea!» sospira Miranda.

Soraya, al solito, non ha molta pazienza.

«Fammela venire, un'idea!»

Il bello delle amiche un po' dirette tipo Soraya è che tendono a fare in modo che le persone più emotive tipo Miranda lascino da parte le emozioni e si spieghino bene.

Miranda obbedisce, vagamente irritata.

«Mio padre ha una nuova fidanzata!»

Soraya è un po' delusa, si aspettava qualcosa di più eccitante.

«Dov'è la novità? Ne ha una nuova ogni settimana...»

«No! Questa qui è davvero una fidanzata» e si capisce da come lo dice che per Miranda questo è un grosso problema. «È la quarta volta che cena con noi in un mese».

«Allora è una vera fidanzata...» Soraya si porta un dito alle labbra e mangiucchia un'unghia. «Magari non è una cattiva notizia».

«Anch'io l'avevo pensato. Però ieri sera ho scoperto una cosa terribile».

Soraya sbuffa, impaziente.

«Abbiamo ancora un minuto prima che ci vengano a chiamare, ed è solo il secondo giorno di scuola».

«Se ci vengono a cercare mi chiudo in bagno e faccio i rumori di uno che vomita» la rassicura Miranda.

«Sbrigati!» e Soraya non ha l'aria di ammettere repliche.

«La nuova fidanzata di papà si chiama Valeria e ha un figlio che frequenta questa scuola e ha la nostra età».

Soraya si fa attenta:

«Come si chiama?».

«Non lo so!»

«E non gliel'hai chiesto?»

«Ero sotto shock» e Miranda, un po', lo è ancora. «Non voglio un fratellastro che sta nella mia scuola».

Soraya mordicchia ferocemente l'unghia.

«Calma, è solo un mese che si frequentano, magari si lasciano».

«Non voglio, un fratellastro che sta nella mia scuola! Magari è stupido, o troppo intelligente, o molto simpatico e mi piace, o molto antipatico e lo odio...» in Miranda l'ansia è in accelerazione. «Da qualsiasi parte la si guardi, questa situazione è un disastro!»

«Ok. Questo significa che abbiamo una nuova missione...» Soraya è tornata improvvisamente ottimista. «Scoprire di chi si tratta!»

«Bella missione!» si congratula Patrick, appoggiato allo stipite della porta.

«Ehi, tu!» e Soraya gli punta contro l'indice coperto di saliva e pezzetti d'unghia. «Non puoi stare nel bagno delle ragazze!»

«Dillo alla Diliberti. Mi ha mandato a cercarvi».

«Ok, torniamo in classe» dice Miranda, spingendo Soraya verso l'uscita.

Ed è solo lì, con un piede nell'atrio, che si accorgono che Patrick non è solo, ma dietro di lui è appostato Alfredo.

«Dite che lui è stato fermato da un prof. Devo dirgli due cose».

Soraya e Miranda alzano gli occhi al cielo, scuotono la testa e tornano in classe. Ma darebbero qualsiasi cosa per poter allungare le orecchie sulla conversazione tra Alfredo e Patrick.

#22

SIGNORINE, FATEVI SENTIRE!

Una delle grandi verità della scuola media è che ormai hai spiccato il balzo. Potrebbe essere un balzo dalla padella alla brace o dalla brace alla padella, difficile dirlo. Ma saltare devi saltare, perché indietro non si torna. Quindi, allenati!

Che cosa significa? Se te lo dovesse spiegare Alfredo, direbbe circa così:

«A volte capita che sogni che filava tutto liscio e invece all'improvviso ti capita una catastrofe. Succede, non ti disperare. Prova a capire dove hai sbagliato (se hai sbagliato) e sforzati di capire dove (casomai) puoi fare di meglio. Ma, soprattutto, ricordati di stare sciolto e sereno: solo così puoi dare il meglio in ogni circostanza».

Tutto questo sa di predicozzo? Eh... capita anche questo!

Dunque: giovedì mattina, per l'audizione, Soraya e Miranda si aspettavano di arrivare con i loro clarinetti, esibirsi entro la prima ora e tornare in classe con una risposta in tasca.

Errore!

1. Devono aspettare la terza ora, patendo per le prime due.

2. Non ci sono solo loro, ma tutti i suonatori di strumenti a fiato: più di venti ragazzi, tra cui un trombettista e un trombone. Questi ultimi due sono destinati all'Inferno scolastico: suonano strumenti troppo originali per passare inosservati. Forse per questo hanno l'espressione di chi ha già un piede nella fossa.

3. L'unico posto della scuola abbastanza grande per tenere le audizioni è l'atrio. Miranda e Soraya si aspettavano una prova romantica e avventurosa come se ne vedono nei telefilm: sarà, invece, un'esperienza di pubblico imbarazzo tra bidelli che vanno e che vengono, fattorini, segretarie irritate e genitori a caccia di un documento.

Quando finalmente scatta la terza ora, con spartiti e strumenti stretti in mano, Miranda e Soraya si sentono solo un pelo (anzi, una scaglia) meglio di un pesce all'amo.

La prof Bertolini sfoggia un abito a fiori attillatissimo, che suscita i soliti variegati pensieri.

A parte questo, la prof è molto più briosa dell'ultima volta. Sembra tarantolata: si agita, saltella, gesticola, impartisce ordini. Ci si affatica solo a guardarla.

«Tutti in fila!» e lo dice con voce tonante. «Venite a ritirare la partitura per il vostro strumento. Insieme alla partitura, prendete il vostro numero. Il numero ha una spilla per essere attaccato al petto. Sistematelo sul vostro cuore!» e spiega il senso dandosi una gran pacca sullo sterno, più o meno dove tutti dovrebbero avere un cuore (persino i professori).

Tutti vorrebbero una risposta educata seguita da una spiegazione, ma più diventi grande e più imparerai che a volte le risposte brusche arrivano per domande fatte nel modo o nel momento sbagliato. Niente di personale, dunque.

Qualche sprovveduto si meraviglia ad alta voce:

«Partiture?!?»

«Chi non sa leggere lo spartito, torni in classe!» risponde la Bertolini, e non ammette repliche.

«E chi ha già scelto un brano da eseguire? Che ne fa?» La domanda, ovviamente, viene da Miranda.

La Bertolini agita una mano e scuote la testa scartabellando dei fogli. Replica come farebbe un leone che spiega all'agnello la ricetta dell'arrosto:

«Ho detto che qui ci sono le partiture. Se ne avete altre, fatene quel che volete, ma non fatele né vedere, né sentire a me!».

Appena tutti hanno in mano il proprio foglio con tanti bei pentagrammi in fila, la prof li dispone in un immenso semicerchio. Qui le viene lo scrupolo di un'ultima precisazione: «Adesso leggete lo spartito. Poi provate una volta e poi tutti insieme!».

Una voce piagnucolosa si leva dal mezzo del gruppo (è quella del trombonista): «E se sbagliamo?».

La Bertolini lo liquida.

«Seguirete bene le lezioni e ritenterete alla fine del quadrimestre o il prossimo anno».

Un'altra opportunità c'è sempre, oppure la puoi chiedere, oppure la puoi creare.

Il tempo della prova riempie l'aria di stridii, più adeguati a una ferramenta che a un'orchestra. Seguono altri suoni, simili a guaiti che si levano da un canile all'ora del rancio. Il sottofondo costante è composto da imprecazioni soffocate.

Poi, finalmente, arriva la selezione vera e propria. Tutti piazzati nella postazione assegnata dalla Bertolini, ripetono più volte la partitura.

Loro suonano e la prof tende l'orecchio, ora in una direzione ora in un'altra.

Suonano così forte, così concentrati, talmente scatenati che non si sentono le proteste che arrivano dalla segreteria, dove non si riesce più a distinguere lo squillo dei telefoni.

Quando finiscono, la prof prende degli appunti e poi sorride:

«Bene, grazie. Potete tornare in classe!».

«Prof, siamo tutti ammessi?» chiede un tipetto con i capelli tirati su con alcune tonnellate di cera.

«No, ovviamente» dice la Bertolini, dopo una distrazione di qualche minuto. «Lunedì dirò quali numeri sono stati ammessi alla Happy Orchestra. Quindi, per favore, teneteli fino a lunedì e non perdeteli».

È così che Soraya e Miranda scoprono che cos'è la frustrazione.

Lo hai capito?

Non lo hai capito?!?

Per stavolta, te lo rispiega Alfredo: la frustrazione è quando desideri fortemente qualcosa e questa cosa non accade subito, anzi non sei nemmeno sicuro che accada davvero. Spiacevole, vero?

Consolati pensando che se non accade ora, accadrà presto. Tu, intanto, dacci dentro!

Mentre nell'atrio accadeva tutto questo, nelle aule si tentava di fare lezione.
Si incontravano però alcune difficoltà.

PRETESTI PER ANDARE IN BAGNO

2

Vorrei sciacquare l'occhio! È entrato qualcosa

Mi fa male il dente, vorrei fare impacchi d'acqua fredda

Ho mal di pancia

Mi scappa la pipì

Sento un po' di nausea

Devo lavarmi le mani: sono sporche d'inchiostro

Mi sono schiacciato un dito nella sedia: devo bagnarlo

Mi scappa! Mi scappa! Mi scappa! (senza precisare cosa)

Mi serve la carta per soffiarmi il naso

Mi si è rotta una vescica in bocca

ARGOMENTI OPPOSTI DAI PROF

3

NON SI ESCE PRIMA DELLA TERZA ORA!

ESCI SOLO SE È URGENTISSIMO, MI FIDO DELLA TUA COSCIENZA!

POSSIBILE CHE USCIATE SEMPRE?

SEI GIOVANE, RESISTI UN PO'

ANCORA 5 MINUTI, CHE FINISCO L'ARGOMENTO

TRA POCO SUONA, ASPETTA!

#23

A (S)PASSO DI DANZA

L'unica che riesce a mettere il naso fuori dalla porta per buttare un occhio alle audizioni è Giulietta. Ha una faccia troppo da brava ragazza perché la prof le neghi qualcosa. Così spalanca gli occhioni da cerbiatto e, con la vocetta flebile, dice:

«Mi scusi, professoressa. So che sta cercando di fare una spiegazione, ma io avrei proprio bisogno di uscire. Farò in un attimo. Posso?».

La prof (Gabriella Tonelli, educazione artistica) non ha il cuore di negarle il permesso.

Ecco allora che Giulietta esce dall'aula e si apposta fuori dalla porta.

Osserva.

La prof Bertolini non la vede, ma la vedono bene Miranda e Soraya. Le due rischiano anche di distrarsi per scambiarsi gomitate e cenni della testa che significano: "E adesso che cosa vuole?", "Che imbarazzo!", "Non la guardare", "Non posso, mi fissa!".

Appena il brano in esecuzione ("esecuzione capitale per sedia elettrica" avrebbe commentato Alfredo) si chiude, prima che il tizio con la cera nei capelli (se ne parlava prima, se non ti ricordi... vabbé fa lo stesso) possa fare la sua domanda, Giulietta corre verso la prof, arrivandole alle spalle.

«Mi scusi» dice, a bassa voce, come dovrebbe fare una ragazzina ben educata.

La Bertolini si volta con la prontezza di un velociraptor: «Rapidissima. E solo se è urgente!».

Giulietta non riesce a mettersi fretta, forse per colpa dell'imbarazzo:

«Mi scusi, io non intendo disturbarla...»

«Muoviti!» sibila la Bertolini.

Una ragazzina più astuta di Giulietta batterebbe in ritirata, ma lei no. Lei ha una missione da compiere.

Più sintetica che può, butta lì: «Non è che ci ha ripensato alla questione del corpo di ballo? Io avrei anche pronte un paio di...» Giulietta sta per dire "coreografie", ma la Bertolini non gliene dà il tempo. Se c'è qualcosa che la Bertolini farebbe volentieri per Giulietta, sarebbe cedere alla tentazione di strozzarla con una fune di tulle per tutù. Ma i buoni insegnanti certe cose le pensano solo e non le dicono mai. A volte lo lasciano capire e basta.

Secca come uno spigolo di porta nel mignolo del piede, la fredda:

«Ho già detto che io non me ne occupo. E ho già detto anche di parlarne con la prof di educazione fisica».

«Ginnastica, giusto?» domanda Giulietta per essere sicura, ma la Bertolini già non l'ascolta più. In aggiunta, il caso vuole che passi giusto in quel momento la prof di educazione fisica, la scattantissima Adelina Giuretti.

Giulietta, oltre a un problema con la fissazione per la danza, è ancora ingenua come alle elementari. Infatti, è convinta che la prof di educazione fisica la possa riconoscere. Dunque, armata di un infondato ottimismo, la raggiunge e le si para davanti.

«Maestra, volevo chiederle una cosa!» ma rendendosi subito conto dello sbaglio (comune fino alla fine del primo quadrimestre) si corregge: «Intendevo dire, professoressa».

La Giuretti, fascia tra i capelli, polsiere ai polsi, felpa arrotolata sui gomiti, bicipiti ancora tonici nonostante i cinquanta passati da un po', la studia con gli occhi strizzati:

«Tu chi sei?».

Interrompiamoci un attimo. Non è che Adelina Giuretti sia scorbutica, ma tutti i prof che hanno un minimo di nove classi impiegano sempre un po' a implementare nel proprio database mentale gli studenti nuovi: non è cattiveria, è un limite dei neuroni, che si fa sempre più rigido con il passare degli anni.

«Sono Giulietta Scaramuzzini» risponde la ragazzina, perdendo qualche grammo di entusiasmo.

«E sei una dei miei?»

Giulietta, per di più, è una che prende i modi di dire abbastanza alla lettera.

«Non so se sono sua. Cioè... In che senso?»

La prof Giuretti alza autoritaria una mano per fermare la classe che sciama dietro di lei.

«Intendo, sei una dei miei studenti?»

«Certo, abbiamo fatto un'ora insieme ieri».

«Sei quella che è inciampata nel pallone?»

«No, quella era la ragazzina che sta due banchi dietro a me, ma non ricordo come si chiama».

«Nemmeno io me lo ricordo» ammette la Giuretti, che ormai ha una ruga che le solca la fronte in verticale, come succede agli elefanti (che pure sono animali dotati di sconfinata memoria, ma non hanno ancora organizzato un sistema scolastico).

Giulietta cerca di riprendere il filo della conversazione mentre la prof riprende il cammino, con la sua fila di studenti dietro.

«Vorrei chiederle se organizza un corso di danza moderna per quest'anno».

La prof è andata ben oltre la porta dell'aula in

cui Giulietta avrebbe già dovuto essere rientrata da un pezzo.

«Strano, sei già la quarta che me lo chiede!»

Se Giulietta fosse del tutto sincera ammetterebbe di essere stata lei a domandarlo per tre volte nel corso dell'unica lezione di ginnastica fatta, ma, saggiamente, sorvola sul dettaglio.

«Allora, che ne pensa?»

«Che non lo farò. Ovviamente» risponde la Giuretti allungando il passo e lasciando Giulietta più delusa di una mosca che finisce nel miele.

Lei però non è tipo da demordere. Mentre si siede di nuovo al proprio posto, si ripromette che in quella scuola, presto o tardi, un corpo di danza lei lo otterrà, a costo di chiedere un appuntamento con la Dirigente.

E ci pensa su per tutto il resto della lezione.

#24

DIMMI CHI SEI E TI DIRÒ CHE FINE FARAI

Una delle attività più sciaguratamente diffuse nelle scuole medie della Nazione, e particolarmente praticate all'inizio della prima media, è la compilazione della carta d'identità. Molte antologie e altrettanti quaderni di lavoro allegati alle antologie la suggeriscono come una gran trovata. Chissà perché.

Fatto sta che anche la 1C appartiene a una di quelle classi che non può evitare l'impatto con questa avvincente attività.

Nel proporla, la Diliberti sorride molto. È felice. È felice perché sa che, dopo la spiegazione, i ragazzi si metteranno a lavorare silenziosi e lei non dovrà consumarsi le corde vocali per sollecitare la loro attenzione, invitarli al silenzio, o scuoterli urlando più di loro.

Pensa di cavarsela con poche parole.

«Seguite lo schema proposto a pagina 18 del quaderno di lavoro allegato alla vostra antologia. Dovete compilare un'immaginaria carta d'identità che vi chiede le vostre caratteristiche fisiche ma anche i vostri gusti. Dovete dire chi siete adesso ma anche chi vorreste essere in futuro. Come vi vedete adesso e come vi immaginate tra qualche anno».

Alla Diliberti sembra di essere stata chiara, ma sbaglia.

«Prof» la chiama Veronica. «Posso usare il rosso?»

La prof sorride.

«Il rosso solo per i titoli o le voci da compilare. Per il resto meglio se usi il blu o il nero».

«Prof» chiede Filippo. «Al posto del rosso, posso usare altri colori?»

Il sorriso della Diliberti si stringe.

«Sì».

«Prof, vanno bene i pastelli?» a chiederlo è Martina, dal penultimo banco della seconda fila.

La domanda di Martina sveglia un dubbio nella testa di Alex, che alza la mano e simultaneamente parla.

«Prof, e i pennarelli?»

«Posso farmi un autoritratto al posto della fotografia?» domanda Nicola.

Giulietta si riscuote.

«Mi posso fare un ritratto mentre ballo, al posto della fototessera?».

La Diliberti non solo non sorride più, non solo ha le labbra strette e livide, ma ha pure le mani scosse da un leggero tremito.

«Siamo alle medie, ormai, scrivete con la penna e finitela con tutte queste domande! Che non sono la vostra mamma!»

La 1C non capisce che cosa c'entri la mamma, ma l'idea di non essere figli della Diliberti fa sentire tutti profondamente fortunati.

La prof cerca di ridarsi un contegno:

«Fate la carta d'identità, che resta solo mezz'ora».

Ed eccoli lì, adesso. Ciascuno sa che il destino è nelle proprie mani. Alfredo li aveva avvertiti.

Appoggiano e staccano la penna dal foglio senza

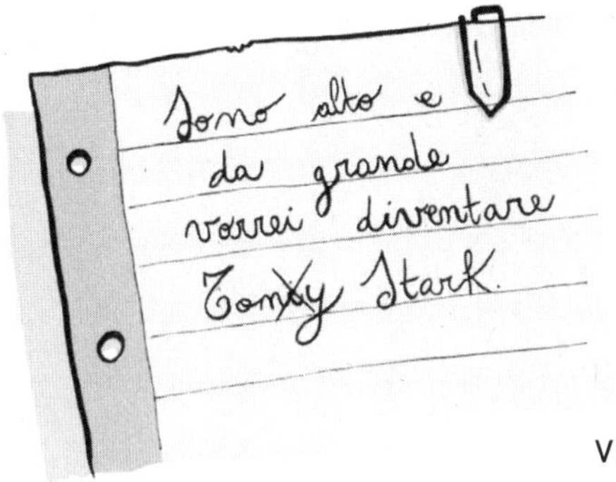

scrivere nulla. Quante cose potranno dedurre i prof da ciò con cui riempiranno quel foglio bianco?

Sono tutti agitati dal vento freddo del dubbio.

Vantarsi dei propri talenti?

Magari sì, così i prof pensano che sei un tipo in gamba. No, perché poi si aspettano da te chissà cosa e poi li deludi e loro abbassano i voti.

Dichiarare il vero sogno per il futuro, oppure essere realisti?

Sì, diciamogli che da grandi vorremmo fare gli astronauti, i calciatori, le ballerine e le pop-star.

No! Se diciamo così ci prenderanno in giro. Meglio dire che vorremmo fare i benzinai, le cuoche e gli agricoltori, così ci pensano tipi ragionevoli e con i piedi per terra.

Questi e mille altri dibattiti si svolgono nelle testoline indaffarate.

Come tutti i loro colleghi nel mondo e nelle galassie (quelle dove si va a scuola), mangiucchiano matite e tappini delle penne, sapendo che quel che fai a scuola produce sempre una conseguenza che ti riguarda da vicino e che servirà per tradurti in un voto, in un giudizio, in uno sguardo indagatore. Per decidere se devi andare all'Inferno, se puoi passare al Purgatorio o se resterai costretto nel fatidico Limbo.

Ecco perché, al suono della campanella, ciascuno consegna alla Diliberti il foglio con la propria carta d'identità, come nei telefilm americani si consegna al giudice la busta delle prove.

Saranno colpevoli o innocenti?

Purgatorio o Inferno?

Chi vivrà, vedrà...

#25

RITORNO AL FUTURO

La domenica è un giorno che alle medie ha un sapore nuovo. La senti nell'aria dal venerdì e la ricordi fino al martedì mattina. Il mercoledì la desideri intensamente, il giovedì ne hai una nostalgia feroce. Che tu sia insegnante, studente o bidello, molto spesso funziona così.

Allora hai due scelte.

1. Investi bene la tua domenica, te la godi e per il resto della settimana ti impegni (l'impegno fa passare il tempo più veloce, è scientificamente provato!).
2. Ti prepari un calendario su cui piangere tra un sabato sera e l'altro.

Vedi tu da che parte stare.

I ragazzi della 1C si trovano a vivere la loro prima domenica di prima media senza che nessuno (nemmeno Alfredo!) li abbia preparati. Potete immaginare il loro disorientamento?

Ovviamente, anche per loro la domenica è iniziata in modo beffardo. Se tutte le altre mattine della settimana hanno faticato a sentire la sveglia e si sono fatti chiamare fino a squarciare le corde vocali dei familiari, la domenica mattina sono svegli all'alba, all'erta, solerti, lucidi. E non hanno un'aula dove andare, perché la scuola è chiusa.

Ne soffrono, ma non lo ammettono.

Siccome è la loro prima domenica di scuola media si domandano come impiegare il pomeriggio: potranno fare le solite cose di sempre, o dovranno escogitare qualcosa di nuovo?

Bel dilemma.

Senza nemmeno sentirsi, finiscono per trovarsi al solito parchetto. Un parchetto spelacchiato, scarabocchiato, un po' sporco, ma pur sempre il loro parchetto.

Giulietta è già lì, con le cuffie nelle orecchie, che danza da seduta. Uno spettacolo che potrebbe imbarazzare chiunque, ma non lei.

Ciò che stupisce Miranda e Soraya è che sono tutti lì. Non ci avevano mai badato, ma al parchetto si radunano ragazzi dalla materna alle superiori: non si nota subito perché occupano aree diverse, nemmeno vagamente comunicanti.

Gli amici che lo scorso anno frequentavano la quarta elementare e quest'anno sono in quinta sono lì che sventolano le mani e spalancano i sorrisi.

Miranda ricambia. Soraya si avvicina, con la segreta speranza di trovare qualcuno a cui mollare la propria sorellina, Teresa, un tipo con le pile atomiche non scaricabili e le orecchie molto lunghe:

sa tutto anche lei della nuova fidanzata del papà di Miranda. Gli ultimi aggiornamenti sono che si chiama Valeria e di cognome Strozzi, ma non si sa come si chiamasse il suo ex-marito, quindi è impossibile ricostruire il cognome del figlio.

Il figlio in questione, poi, è maschio, ma il suo nome di battesimo resta ignoto.

«Come hai fatto a non chiederglielo?» si stupisce Soraya.

«Non voglio parlare con quella lì» si picca Miranda.

«Non ti costava niente!»

«Non voglio chiacchierare con lei. Poi magari pensa di starmi simpatica».

Persino Teresa capisce che è una situazione senza uscita.

Intanto, si sono avvicinate alle loro solite panchine, quelle a ridosso della staccionata cadente, e non intuiscono subito che fermarsi lì è inutile: non è più la loro area. Solo Teresa è deliziata: le altalene sono libere! Corre, si siede e in tre spinte sta già sfidando la forza di gravità.

«Battiamocela, si è distratta!» dice Soraya.

Miranda è perplessa: «La lasci lì da sola?».

«Certo!»

«E se si fa male?»

«Non si fa male».

«Come fai a saperlo?»

«Lo so e basta».

«Sei crudele!»

Soraya alza gli occhi al cielo:

«Tu sei figlia unica, non puoi capire».

Miranda però non la sta ascoltando e lo si capisce da quello che le risponde:

«Guarda là: c'è Basilio tutto da solo!».

Basilio da solo è come la Tour Eiffel senza i chiodi: inimmaginabile.

Con studiata indifferenza le due ragazze si avvicinano: «Come va?».

Basilio risponde automaticamente: «Bene».

Cala il silenzio, e potrebbe calare fino a terra, rimbalzare in alto e rifare il giro un paio di volte, ma Giulietta lo rompe subito. Arriva saltando da un piede all'altro, con mossette dell'anca tra un balzello e l'altro. Si toglie le cuffie e va dritta al sodo: «Dove li hai lasciati Patrick e Filippo?».

Basilio vorrebbe rispondere come un vero duro, ma non riesce ad essere sprezzante. Crolla come un albero abbattuto: «Sono andati con Alfredo. E non so nemmeno dove».

«Secondo me stanno combinando qualcosa» suggerisce Soraya.

«Tu sai che cosa?» chiede Miranda.

«Non ne ho la più pallida idea» e la risposta di Basilio è così triste che, a sentirla, un pino potrebbe trasformarsi in un salice piangente.

«Se abbiamo il pomeriggio libero potremmo andare ad ascoltare un po' di musica e ballare un po'. Avete la casa libera?»

Giulietta non voleva provocare Basilio e nemmeno le ragazze, quindi si offende molto quando si sente rispondere: «Se non la pianti, te le suoniamo noi!».

Ed è così, tra chiacchiere annoiate e desideri irrealizzabili, che scorre la prima di molte domeniche. La classica domenica di quando non sei più piccolo ma non sei ancora grande. E usciresti la sera, ma ti farebbero rientrare così presto che preferisci restare direttamente in camera tua a chattare.

In fondo, Alfredo ha ragione: alle medie, il Paradiso non esiste.

#26

UNA LOTTERIA A ROVESCIO

Lo so, hai fretta di sapere come vanno il lunedì mattina le prove dei percussionisti. Magari vuoi pure scoprire che cosa succede la seconda settimana di scuola.

Porta pazienza: è necessario, prima, aprire una parentesi sui compagni di classe.

Alfredo, che grazie alle sue ripetute bocciature, ha frequentato classi diverse, ha avuto modo di riflettere parecchio sull'argomento e anche di parlarne con suo fratello e i suoi compagni di classe.

Alcune cose che ha pensato non sono per niente sbagliate.

Per esempio: anche se frequenti le scuole medie nello stesso Istituto Comprensivo in cui hai fatto le elementari, puoi star certo che non avrai mai tutti i tuoi amici in classe con te. È destino che uno, magari il migliore, finisca in un'altra sezione.

Devi disperarti? No, consolati: avrete molte più cose di cui parlare.

Altra regola fissa: sarai in classe con almeno una delle persone che ritieni più antipatiche nell'intero Universo.

Devi disperarti? No, fatti forza: si può essere nella stessa classe e non frequentarsi quasi. Lascia anche aperta una possibilità: magari scopri che è meno peggio di come te lo immaginavi.

Ci sono annate in cui capita "la sorpresona".

Un caso lampante di "sorpresona" è l'apparizione di Fabio in 1C.

«Vedete,» ha spiegato una volta Alfredo a Basilio e agli altri «i compagni di classe sono come i premi della Pesca di Beneficenza: pochi sono belli e utili, ma tutti hanno un senso. Poi, certo, sarebbe bellissimo se la segreteria della scuola si decidesse a fare come nei negozi: puoi restituire la merce entro otto giorni dall'acquisto, presentando lo scontrino.

Si potrebbe allora andare portando sottobraccio il compagno da cambiare. Lo si lascerebbe allo sportello e se ne ritirerebbe un altro. Sarebbe fantastico, no?»

I suoi ascoltatori hanno annuito, estasiati dalla straordinaria saggezza delle sue parole.

Poi Giulietta ha sospirato:

«Vorrei proprio che fosse così...».

«Per fortuna, invece, va in un altro modo» aveva detto a quel punto Alfredo, cambiando voce e idea. «Le scuole medie non hanno il Paradiso. Sono solo Inferno e Purgatorio. E sapete perché? Perché da lì dentro dovete uscire più forti, ragazzi. I compagni sono solo l'antipasto di quello che vi toccherà. Rassegnatevi».

C'era stato ben poco da replicare.

Anche ora, a pensarci bene, sarebbe meglio non aggiungere altro.

#27

BUM... BUM... BADABUM!

I percussionisti candidati per le audizioni del lunedì mattina sono tre.

FILIPPO: con le bacchette strette in pugno e la mandibola irrigidita dalla tensione. L'unico muscolo che muove è quello oculare, per lanciare occhiatine all'energumeno che pure lì è accanto a lui.

FABIO: senza bacchette (cosa che fa di lui un batterista così-così), con l'aria rilassata e un sorriso radioso in volto. Seduto sulla sedia dei bidelli, deborda un po', accentuando l'impressione di un budino felice nella sua ciotola.

IL TERZO: niente meno che lui, Zuccarelli Giacomo! Per una volta, è al posto giusto. La sua specialità deve essere lo xilofono, a giudicare dalle bacchette a pon-pon che ha con sé.

«Vuoi fare la cheerleader, con quella roba?» gli chiede Fabio.

Zuccarelli Giacomo fa finta di non sentire e si concentra sulle proprie scarpe.

Loro tre ci sono.

Gli strumenti sono stati portati nell'atrio: batteria, bonghi, grancassa, tamburelli, nacchere, maracas, xilofono e tutto il resto delle percussioni disponibili a scuola.

Manca solo la prof. Già, dov'è la professoressa Bertolini?

Fabio, coerente con il suo ruolo di gradasso, aspetta di avere a portata di voce una bidella e chiede:

«Quando arriva?!?»

La bidella è Rita, quella che si sente la mamma di tutti. Guarda l'orologio alla parete:

«Oh, tesoro! Dovrebbe essere già qui... vado a chiedere in segreteria».

In segreteria sanno solo che la prof è arrivata. Quanto a dove si trovi in quel preciso istante, però, non hanno la minima idea. Dai vetri dello sportello che si affaccia sull'atrio, i tre candidati vedono la capa delle segretarie, la famigerata Milena Ghini, che scuote la testa.

Le numerose e colorate borse della Bertolini giacciono a fianco del distributore di bevande. Sole, senza di lei.

Sono le 9.55 quando, per la scuola, si scatena la più grande battuta di caccia al prof mai avvenuta.

#28

SALVATE QUELLA DONNA!

La scomparsa della prof Bertolini meriterebbe di essere raccontata da un Maestro del giallo e della tensione. Purtroppo, Stephen King non è raggiungibile e nessuno vorrebbe mettersi in competizione con lui o con altri Maestri. Tanto vale, dunque, che si racconti come sono andate le cose dall'inizio (mentre i gialli, lo sanno tutti, cominciano dalla fine, cioè con un cadavere).

La prof Bertolini è estremamente abitudinaria (come il 99% dei prof). Fabio è un acutissimo osservatore (come lo 0,5% della popolazione mondiale). È dunque bastato poco perché Fabio notasse che lei arriva a scuola tutte le mattine alle 7.55, anche se inizia le lezioni più tardi.

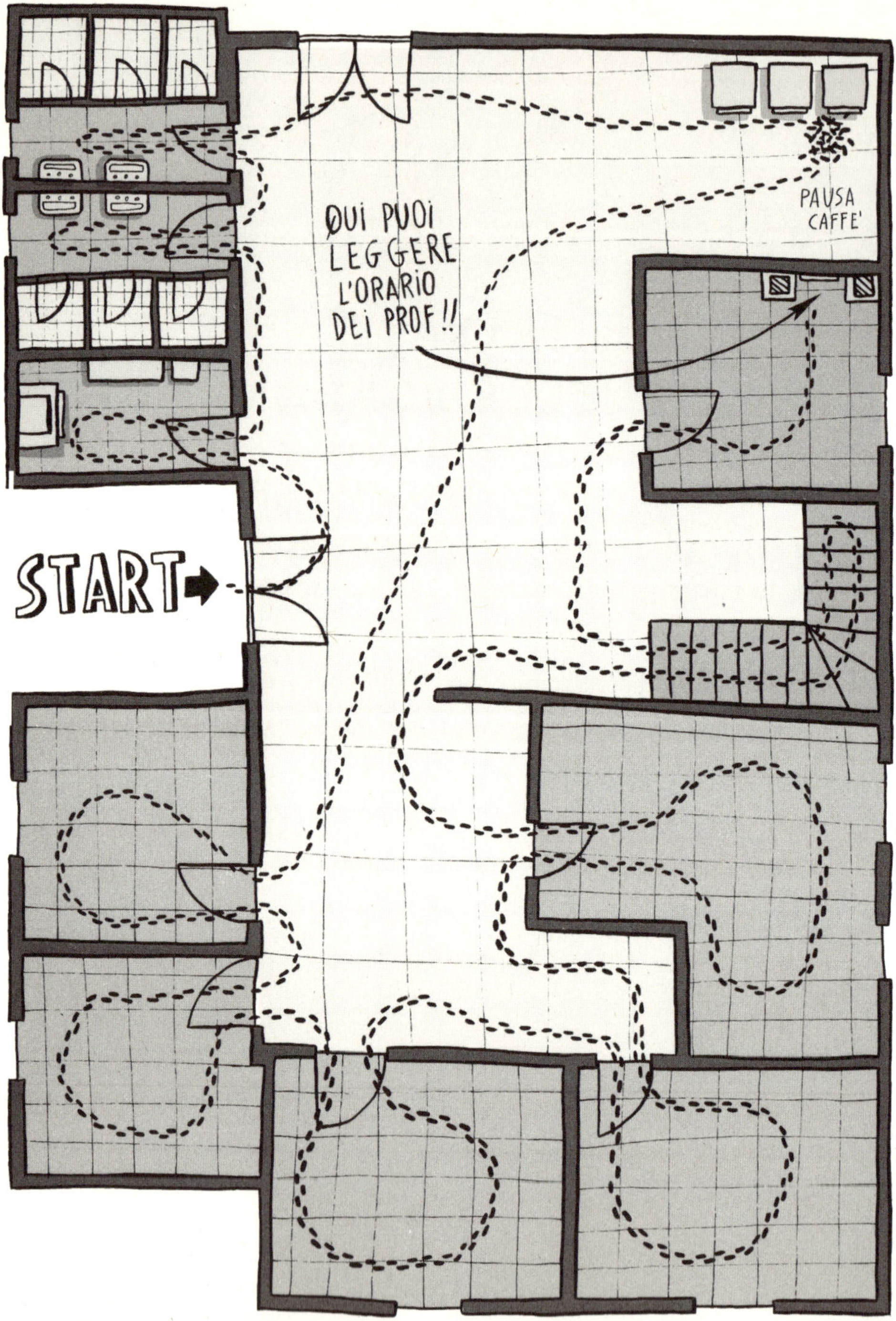
QUI PUOI
LEGGERE
L'ORARIO
DEI PROF!!
PAUSA
CAFFE'
START

Appena arrivata, di solito prende borse e libri dalla sala professori, appoggia tutto sul tavolino accanto al distributore, poi inserisce le monetine e fa scendere una cioccolata calda.

Fatto questo, va in bagno. Ma non nel bagno dei docenti, in quello per i disabili. Perché? Semplice: il bagno dei prof ha la tazza del water e lo scarico appoggiati alla parete comune con la presidenza. Ogni volta che lo sciacquone viene azionato nel bagno dei prof, l'ufficio della Dirigente fa da cassa armonica e rilancia lo scroscio, amplificato, per tutto l'Istituto. È imbarazzante per tutti, e la prof Bertolini odia le situazioni imbarazzanti (come il 99,5% della popolazione mondiale). Ecco perché adopera l'altro bagno.

Fabio aveva contato che si comportasse nella stessa maniera anche la mattinata dell'audizione. Uscendo da casa, dunque, è passato dal laboratorio dove suo padre fa modellismo e ha intascato la colla per i metalli.

A quel punto, all'ora in cui di solito la prof Bertolini va in bagno, ha chiesto di uscire (usando cinque dei dieci pretesti più gettonati) e ha spruzzato

nella serratura del bagno per disabili una generosa dose di adesivo a presa rapida. Poi, sotto la porta, ha fatto passare un foglio. Ma del foglio parleremo più avanti.

Compiuto il misfatto, Fabio è allegramente tornato in classe. Il sorrisino e l'aria sollevata sono stati ampiamente fraintesi dalla classe e dalla Diliberti (tenacemente impegnata nella spiegazione del perché ciliegia e camicia mantengono la "i" anche al plurale, contro ogni regola).

#29

UN'INTERA SCUOLA IN SUBBUGLIO

La liberazione della prof Bertolini avviene poco dopo le 11, quando arriva il fabbro chiamato d'urgenza.

Il fabbro è un energumeno in tuta blu, con una cassetta degli attrezzi che catalizza l'attenzione dei maschi presenti come e più di un pallone che rimbalza in un campo verde con le righe bianche. Peccato che non si possano avvicinare, perché l'anticamera del bagno è piccola e lui la riempie tutta, non solo con il proprio corpo, ma anche con le proprie imprecazioni. Imprecazioni che, è giusto dirlo, tutta la scolaresca ascolta con devota attenzione: ascoltassero così le lezioni di matematica, nessuno più potrebbe dire che la Nazione non sforna abbastanza esperti di numeri e formule. Tutti gli sforzi di docenti, bidelli e personale della segreteria per sovrastare le parolacce sono inutili: il bagaglio linguistico dei ragazzi della Malabrocca viene arricchito più che in un corso accelerato di lettura ad alta voce.

Accanto al fabbro è ammesso l'unico che vincerebbe la gara di improperi: il bidello Vittorio, che ha la cautela di lanciare imprecazioni a bassa voce per non rischiare ritorsioni sul suo immacolato curriculum.

Appena la porta del bagno viene spalancata, la scena che si presenta ai soccorritori è sconvolgente.

La prof Bertolini indossa un abitino a quadretti in stile tovaglia da pic-nic. Ha i capelli spettinati, la fronte sudata, il trucco sbavato e la faccia di una che ha dato un morso a un caco acerbo. Puzza di sudore e panico mescolati ai naturali effluvi di un bagno chiuso da troppo tempo.

Con quell'abito e in quelle condizioni suscita comunque pensieri differenti.

MASCHI

- Mia zia ha una tenda quasi uguale.
- La mia fidanzata non si vestirà mai così.
- Che cosa le sarà successo?

FEMMINE

- Azzurro era meglio.
- L'avrei preferito rosa.
- Se qualcuno le volesse bene, le direbbe di non uscire così.

Daniela Bertolini è una furia e stringe in mano un foglio. Un foglio accartocciato, umidiccio e forse anche puzzolente. Lo sventola sbraitando.

«Mi hanno minacciata!»

Il foglio è bagnato perché è passato da sotto la porta e fatto strisciare sul pavimento del bagno. Nessuno lo vuole toccare. Lei lo porge da una parte e dall'altra, perché qualcuno prenda possesso della prova. Schifati, quando lei si avvicina tutti muovono un passo indietro.

«Voglio le impronte digitali!» strilla.

Il fabbro è l'unico a dire qualcosa.

«Che cosa c'è scritto?»

«C'è scritto: *ATTENTA! Non serve nessun batterista*. Capite? È una minaccia mafiosa, terroristica, forse... forse c'è dietro un complotto interclasse. Qualcuno vuole distruggere me e la Happy Orchestra!»

Sulle ultime parole la voce le si incrina come fosse pronta a piangere.

La scritta è stata fatta con il pennarello rosso, sbavata e molto storta. La sera prima, del resto, la puntata del telefilm sulle indagini post-mortem spiegava chiaramente che scrivendo con la mano sinistra è facile sottrarsi agli esiti di un'eventuale analisi grafologica.

Ma non servono detective, né FBI per indirizzare i sospetti. Tutti gli sguardi puntano su Filippo e Fabio. Soprattutto su Fabio che, con suprema indifferenza, spintona tutti a gomitate, fino a raggiungere la Bertolini e lì dice: «Mi spiace moltissimo, professoressa, per quanto è accaduto. Il vandalismo va estirpato alla radice!».

Anche Filippo vorrebbe dire qualcosa, ma Alfredo lo sta chiamando: «Ehi, vieni con me».

E si allontanano, con addosso gli sguardi di tutti.

Il silenzio è pesante e consente di sentire la Bertolini che ansima.

Giulietta pensa che sia opportuno cogliere l'attimo:

«Prof, forse non è il momento giusto, ma... lo facciamo un corpo di danza?»

Viene salvata per un soffio dall'aggressione fisica e la Bertolini chiede un giorno di malattia, per riprendersi e soprattutto per farsi una doccia e sistemare il trucco.

A dire la verità, per riprendersi del tutto, la Bertolini impiegherà qualche giorno, ma non lascerà trasparire niente: una vera prof supera tutte le prove a testa alta. E con il mascara perfettamente a posto.

#30

DIMOSTRA CHI SEI!

La prof Diliberti entra dopo l'intervallo ed è più allegra di un funghetto nella pioggia.

Se avessero più esperienza, quelli della 1C non riderebbero. Tremerebbero. Ma sono nuovi e non possono immaginare. Non sanno che la gioia mattutina dei docenti (se non è dettata da felici esperienze familiari, tipo aver trovato qualcuno che pulisce gratis la casa o ritinteggia a costo modesto) è direttamente proporzionale al panico che stanno per spargere nelle loro classi.

Da oggi, però, almeno quelli della 1C lo sapranno. Eccome se lo sapranno!

Infatti, la prof Diliberti entra e appoggia sulla cattedra un pacchetto di fotocopie.

Poi alza lo sguardo. I suoi occhi sono più sferici del solito. Mentre sorride, il suo collo è più a ranocchio che mai. I suoi studenti la fissano ipnotizzati.

«Ragazzi...» persino la sua voce ricorda il sibilo del serpente incantatore (avete mai visto il cartone animato "Il libro della giungla"? Avete presente Kaa il serpente? Ecco, così).

Ventidue bocche inspirano istericamente e potrebbero anche aspirare le copertine plastificate dei loro libri di testo.

Mentre distribuisce i fogli banco per banco, la Diliberti spiega sorniona quello che tutte le prof delle medie spiegano a una classe agghiacciata (per la cronaca, persino Fabio ha perso la sua espressione strafottente).

Dice che è solo una "prova d'ingresso", che andrà tutto bene e serve solo per capire quanto già sanno di geografia e come l'hanno studiata. Insinua anche la falsa speranza che il voto potrebbe non fare media (parola che già da sola, detta alle medie, suscita confusione).

Dalla sua voce non uscirà mai la verità ultima: è il rito di iniziazione, quello che ti fa passare da scolaro a studente, da bambino grande a ragazzo, da inesperto a scafato.

Poi la Diliberti raccomanda che si separino gli uni dagli altri, allontanando i banchi. A questo punto, l'intera classe tende a raggrupparsi in un solo angolo, ma lei li sparpaglia e poi li osserva lavorare, compiaciuta.

È una verifica facile, sulle regioni d'Italia. Eppure la tentazione di sbirciare sul foglio del vicino è forte, molto forte. Fortissima.

Si può resistere? Molto difficile.

#31

DOVE SI INSEGNA A COPIARE

Ci sono ottimi motivi per non copiare (che riguardano lo studio, l'orgoglio, il mettersi alla prova, l'affrontare i propri limiti e persino la lealtà).

Ci sono altrettanti nobili motivi per non lasciar copiare (vengono in mente facilmente pensando ai compagni di classe antipatici, sono più difficili da individuare pensando ai vicini di banco).

Ma siccome possono sempre essere utili nei momenti di disperazione, ecco qui di seguito alcune strategie per copiare.

Ah, gli schemi vengono dritti dagli appunti di Alfredo.

Appunti antichi, di prima che smettesse di studiare e poi decidesse di ricominciare.

NB: Non far beccare questi appunti ai tuoi genitori. Sanno già tutto, ma fingono di esserne all'oscuro. Acqua in bocca, dunque. Chiaro?

1

SUGGERIMENTI PRATICI PER NASCONDERE I BIGLIETTINI DA COPIARE!

Puoi fare i bigliettini invisibili premendo il testo sul foglio con una matita appuntita a mina dura, poi cancelli: resta leggibile in controluce!

Nascondi i bigliettini: in tasca, dentro un fazzoletto appallottolato, nella custodia degli occhiali, nelle calze, sulle caviglie (ma dovrai stare seduto scomposto per leggerli), arrotolati in un buco nella gomma per cancellare, avvolti sul refil della penna (non quella trasparente!), nella custodia della calcolatrice, nel dizionario (non vale per i compiti in classe di matematica...), nella scatolina delle caramelle balsamiche...

Puoi copiare anche: a) attaccando, prima del compito, un post-it sullo schienale della sedia davanti a te; b) adoperando uno specchio da borsetta per leggere il compito del vicino (ricordati di leggere nello specchio da destra a sinistra).

2

SUGGERIRE O LASCIAR COPIARE

- GRATIS
  - Sei nobile
  - Sei innamorata/o
  - Sei incapace di dire di no
- IN CAMBIO DI...
  - Suggerimenti in un altra materia
  - una merenda
  - un giro con la felpa preferita di un compagno
- PER AMICIZIA
  - Per quella si fa di tutto!

3 COPIARE

- PERCHÉ NON SAI NIENTE (INFERNO!)
- PERCHÉ NON CONOSCI QUELL'ARGOMENTO, MA TUTTO IL RESTO SÌ (CHE SFORTUNA!)
- PER ESSERE SICURO/A DI FAR BENE (SCIOCCO/A!)

#32

NON DIRE GATTO...

La 1C ha appena consegnato la prova e non ce n'è uno solo che pensi di averla fatta bene.

È in questo preciso istante che entra la prof. Daniela Bertolini. Di lei si dice che adesso usi il bagno dei professori, anche se questo alla Dirigente non piace molto.

La prof Bertolini non saluta nemmeno la Diliberti. Secca come uno sparo di mitragliatrice annuncia:

«I batteristi escano».

Filippo alza la mano.

«Che cosa vuoi?» chiedono a una sola voce la Diliberti e la Bertolini.

Stamattina il suo look è tutto impostato sul giallo canarino: dalle scarpe con tacco a spillo, alla cintura in vernice fino ai fiocchi con cui ha raccolto le circa diecimila treccine in cui ha riorganizzato i capelli.

♂ MASCHI

- È antinebbia!
- Mio padre ha una cerata della stessa tinta!
- Non so che pensare...

♀ FEMMINE

- Può essere utile quando attraversi la strada e c'è nebbia.
- Mi ricorda la paperella di plastica per il bagno.
- Stare chiusa in bagno le ha fatto molto male.

Non sapendo a quale delle due rispondere, Filippo parla voltando la faccia di qua e di là come chi segue una partita di ping pong: «Non sapevo che sarebbe stato oggi e non ho le mie bacchette!».

La Diliberti scuote la testa sconsolata e la Bertolini lo liquida veloce: «Non è un problema. A scuola abbiamo le bacchette».

Filippo è offeso sia dal fatto che la Bertolini non capisca le sue esigenze sia dal fatto che Fabio ha sbuffato con fare altezzoso.

Ma tutti e due si ricompongono quando la Bertolini li minaccia: «Se non vi muovete, non se ne fa niente».

Fuori dalla porta, composto come un cadavere nella bara (ma in piedi), c'è Zuccarelli Giacomo.

Il gruppetto si lascia trascinare nell'atrio, docile come uno strofinaccio attaccato allo scopettone del bidello.

La Bertolini è insolitamente sbrigativa e un po' scocciata. Fornisce indicazioni sintetiche, che non intende ripetere.

La prova in sé non è difficile: possono fare quello che vogliono purché dimostrino di sapere che cosa stanno facendo. È chiaro che la prof Bertolini, dopo l'esperienza del bagno, non ha molta simpatia per i percussionisti.

Di fronte ai tre si spalancano i cinque minuti più intensi della loro vita. Forse per questo la prova è combattutissima.

Filippo batte sui tamburi e sui piatti come se stesse massacrando di botte Fabio. Persino il bidello Vittorio si ferma ad ascoltarlo, con le braccia conserte e la testa inclinata su una spalla. Sembra che accenni a tenere il ritmo con il piede destro, ma forse sta solo schiacciando una formica. Non si saprà mai.

La Bertolini è immobile come i ritratti dei presidenti sulle montagne statunitensi.

Quando tocca a lui, Fabio si impegna come se dal suo tappeto ritmico dipendesse la salvezza del mondo o la soppressione fisica di tutti i rivali. Ha la faccia paonazza e lo sguardo assassino. Persino Vittorio distoglie lo sguardo e va nelle classi a portare degli avvisi appena usciti caldi dalla fotocopiatrice.

Dopo i due acerrimi nemici, è la volta di Zuccarelli Giacomo. Lui smette di tremare come una foglia nel vento d'autunno e suona con la concentrazione di un monaco tibetano, a occhi chiusi. Ha scelto un ritmo lento, quasi soporifero. Più che percuotere, lui accarezza.

Questo lo ripaga.

La prof giallo canarino lo addita: «Tu sei nell'orchestra».

Zuccarelli Giacomo le regala lo sguardo di dedizione che i chihuahua di solito dedicano ai padroni e, ottenuto il permesso di rientrare in classe, si avvia scodinzolando come un San Bernardo che ha appena salvato se stesso da una valanga di cattive notizie.

Fabio e Filippo lo seguono con uno sguardo carico d'invidia e chiedono insieme:

«E io?».

La prof Bertolini sta già prendendo la borsa (gialla) e risponde con il calore di un freezer:

«Voi due siete parimerito, faremo un'altra prova».

Fabio resta cupo e pensieroso.

La prof li lascia soli nell'atrio.

Fabio si muove con la lentezza di un elefante che ha per padre un bradipo.

Al contrario, Filippo si precipita in classe e, passando tra i banchi, batte un cinque a Patrick.

Si sorridono.

«Come è andata?» riesce a chiedergli Soraya mentre passa.

«Come aveva detto Alfredo» risponde Filippo.

E nessuno, a parte Patrick, capisce che cosa intenda.

#33

LA GRANDE ABBUFFATA

Il primo giorno di mensa delle medie è un momento cruciale. In effetti, non tutti gli studenti delle medie conoscono il sottile piacere di questo rischio: solo i fortunati che hanno un tempo prolungato con rientro pomeridiano vivono questa impareggiabile avventura.

E sia chiara da subito una cosa: la mensa delle elementari non è la stessa cosa delle medie. Nella maniera più assoluta! Ormai mangi in autonomia e ci sono alcuni segreti che devi imparare per sopravvivere e degli aspetti a cui devi dedicare tutta la tua attenzione.

Chiaro? Bene. Presta attenzione.

Scambio di cibo

Finora ti hanno insegnato che il cibo è nutrimento e di sicuro hai già disegnato la piramide alimentare quante volte basta per impararla. Bene, a scuola tutto questo significa poco: non decidi tu che cosa mettere nel piatto: il tuo menù è stato elaborato da salutisti plurilaureati. Se non ti piace, prenditela con loro.

A parte questo, nella mensa scolastica il cibo è IDENTITÀ e POTERE. C'è sempre qualcuno a cui piace la pasta in bianco: metà della tua porzione può valere come moneta sonante ed essere il pedaggio per aprire un'amicizia o instaurare un'inimicizia, per garantirsi un compito copiato o per riscattare un'offesa. La mensa, non scordartelo, è anche un mercato, dove i valori si aggiornano in continuazione.

Per esempio, una volta Alfredo si procurò un'indigestione di budino al cioccolato e vaniglia (ne mangiò 18 porzioni) pur di evitare la rissa programmata accanto ai bidoni della differenziata per la fine della scuola.

Le cose buone: per prime o per ultime?

Esistono due categorie di mangiatori: quelli che lasciano la parte più buona per ultima e quelli che la mangiano subito. Osserva i tuoi compagni e controlla da che parte stanno. Chi mangia subito la parte buona è solitamente un pessimista: non crede che le cose belle durino a lungo e ci si butta a pesce prima che spariscano. Chi lascia la parte buona per ultima, è un ottimista: sa che chiudere in bellezza è un premio e se lo vuole godere. A che cosa serve sapere questo? A niente. Ma è meglio sapere che non sapere, no?

Gli asceti

Ci sono sempre quelli che non mangiano nulla, sono gli asceti: capaci di lunghi digiuni. Alcuni sono filiformi, palliducci, pacifici: sono quelli che mangiano sempre poco, sono i “digiunatori per natura”. Poi ci sono quelli che digiunano, ma dalla stazza si capisce che di solito mangiano. Schifano il cibo della mensa con pretesti tipo: «A casa mia mangio meglio», «Questa roba fa schifo», «Ma come fai tu a mettere in bocca queste cose!». Loro sono gli “asceti per scelta” e, alla lunga, sono poco simpatici.

A che cosa serve sapere questo? A niente, come è già stato chiarito prima!

Meglio il posto fisso o il posto mobile?

I prof amano che ai tavoli della mensa gli studenti abbiano posti fissi. Concordano con questa preferenza solo i ragazzi che hanno dei compagni di tavola simpatici. Sono fermamente contrari quelli che hanno il vicino di tavola che mastica a bocca aperta, beve con il risucchio, ha sempre le unghie sporche e mangia con le mani, produce rumori e odori molesti subito dopo il pranzo. Se il vostro vicino di tavola corrisponde a una di queste categorie, procuratevi un conato di vomito e chiedete un immediato cambio di posto. Di solito funziona.

Anche i prof mangiano

È sempre stupefacente che anche i prof si nutrano. Sì, lo fanno. Osservateli con cura e scoprirete quanto hanno imparato dai loro studenti!

Prodezze che nessun altro vi racconterà

Ci sono cose che capitano in tutte le mense, ma che nessuno vi racconterà mai.

Le cinque più stupefacenti avvenute nella prima mensa della Malabrocca vengono annotate qui di seguito. Tu ne conosci di peggiori?

- Anselmo ha riempito il bicchiere fino all'orlo e poi ha bevuto l'acqua usando il coltello al posto del cucchiaio.

- Fabio ha riempito il bicchiere fino all'orlo e poi ha bevuto con il naso.

- Filippo ha usato la forchetta come catapulta per spedire gli gnocchi nella bocca spalancata di Luca. L'ha centrata cinque volte su dieci (e Luca, garantiamo, non ha fatto niente per ostacolarlo).

- Soraya è riuscita a mettere in tasca una cotoletta per mangiarla durante le lezioni del pomeriggio, a morsi.

- Veronica è riuscita a bere acqua senza toccare il bicchiere con le mani: ne ha preso il bordo tra i denti e ha rovesciato indietro la testa. Ne è uscita solo pochina.

Il resto della giornata può essere facilmente immaginato. O forse no (e magari è meglio così).

#34

MISSIONE FOTOCOPIE

Il pomeriggio a scuola è come il mezzogiorno d'agosto in spiaggia, senza ombrellone. Più che mettersi a fuoco, il pensiero va a fuoco, ma la 1C ha l'abitudine al rientro pomeridiano già dalle elementari. L'unico senza preparazione pregressa è Fabio, che è stato mandato a lavarsi la faccia due volte per svegliarsi dalla pennica sul banco.

Per fortuna si tratta di affrontare due ore di educazione artistica, nel laboratorio di arte, tra grandi pannelli, murales, sculture in creta e scaffali ricolmi di materiali pronti per essere utilizzati.

La prof Tonelli si era già fatta notare nei corridoi per le macchie di colore schizzate sugli abiti e in faccia. Oggi pomeriggio ha della tempera anche nei capelli e un grosso volume di Storia dell'Arte sottobraccio.

Dopo l'appello ha attaccato con una spiegazione sulle incisioni rupestri. Ha persino proiettato delle immagini sulla lavagna multimediale collocata davanti al lavandino dove si lavano i pennelli.

Quando scosta le tende, gli studenti hanno gli oc-

chi delle talpe appena sveglie e lei li pensa pronti per realizzare la loro tavola sui Camuni (quelli che hanno lasciato incisioni in Valle Camonica, che sta da qualche parte in Lombardia, anche se nessuno ricorda più in quale punto, perché - si sa - la Lombardia è una regione troppo estesa per la memoria di qualsiasi studente).

«Dividetevi in due gruppi di undici e prendete i fogli grandi».

I ragazzi si muovono incerti su come dividersi in due gruppi. I più lenti di tutti sono Patrick, che sta pensando ad Alfredo e ai loro segreti progetti, e Miranda, che sta pensando a suo padre e al fine settimana che dovrà passare con lui (e, forse, con la sua nuova fidanzata).

La prof Tonelli li individua la volo:

«Voi due, prendete il libro e chiedete due fotocopie ai bidelli».

È così che Patrick e Miranda si trovano tra le mani il mastodontico volume di Storia dell'Arte, da soli in corridoio.

È da poco cominciata la prima settimana intera di scuola media, sanno sì e no dov'è la loro aula e non hanno la minima idea di come ottenere delle fotocopie.

«Cerchiamo un bidello» dice Patrick.

«Dov'è un bidello?» chiede Miranda.

«Se sapessimo dov'è, non lo dovremmo cercare» le fa notare Patrick.

Se pensi che la situazione si stia mettendo male, hai perfettamente ragione.

Innanzitutto i bidelli sono pochi, in secondo luogo la scuola è grande, infine la voglia che hanno i due di trovarne uno è la stessa che avrebbe un cobra di incontrare una mangusta.

Con la sicurezza di un elefante su un tappeto di uova, i due avanzano. Sono al primo piano. Le porte delle aule sono chiuse. Si sente qualche voce. Qualche risata. Per il resto, è il deserto.

«Magari troviamo qualcuno che va in bagno e chiediamo informazioni» dice Miranda, insensatamente speranzosa.

Patrick si avvia verso le porte dei bagni. A sinistra quella delle femmine, a destra quella dei maschi. Nessuno nemmeno lì.

Scendono al piano terra. Lo sportello della segreteria è chiuso da una tenda tirata. La porta della Dirigente è chiusa. La cattedra dei bidelli è vuota. Potrebbero essere in un castello disabitato.

Patrick cerca di darsi un tono: «Andiamo di là...» e via, a passo deciso.

Trovano, nell'ordine, una stanza piccola con un lettino da dottore (che dovrebbe essere l'infermeria), un'aula vuota con grandi poster (dovrebbe essere l'aula di sostegno), una porta chiusa a chiave (che potrebbe essere l'aula di musica o forse il laboratorio scientifico o, magari, la sala delle torture). Trovano persino una cucina dove aleggia forte un aroma di caffè appena fatto.

Patrick si avvicina e tocca la caffettiera. «È ancora calda» annuncia.

«Io non bevo caffè!» protesta Miranda.

«Neanch'io, ma nei telefilm lo fanno sempre: se è ancora calda la caffettiera, chi ha fatto il caffè non è lontano».

«Sì, ma forse non ha ammazzato nessuno» ribatte Miranda, acida.

Si capisce che di questo passo non andranno lontano. Tornano a vagare e ad un tratto Miranda si blocca.

«Che fai?» le chiede Patrick, fissandola.

Miranda porta un dito alla bocca per chiedergli di tacere. Ha sentito una voce. Una voce che conosce.

Una voce che conosce e che vorrebbe sentire il meno possibile.

Si volta verso un corridoietto tra l'infermeria e l'aula di sostegno. Là in fondo, mimetizzata dall'ombra, c'è una porta chiusa. È da là dietro che vengono due voci. Una di un uomo e una di una donna.

Miranda si avvicina. Patrick la segue.

Miranda sta per appoggiare l'orecchio all'anta, ma quella si spalanca e ne escono Vittorio e una donna alta, molto alta. Con i capelli biondi. Molti capelli, molto biondi. La donna guarda Miranda e la sua bocca si spalanca in un sorriso clamoroso. Ha del rossetto rosso fiammante sui denti bianchi.

«Oh, cara. Che bello vederti qui! Ma ci rivediamo, sabato! Sono così contenta...» e si allontana barcollando sui tacchi. In effetti è sì alta, ma ha anche dei tacchi molto alti.

L'uomo che era con lei era Vittorio, simpatico come un morso di mastino rabbioso: «Che cosa fate in giro voi due?!» chiede a Patrick e a Miranda, entrambi ammutoliti dalle due apparizioni recenti.

Il primo a riprendersi è Patrick:

«Volevamo due fotocopie...».

«E allora venite, no?!?»

In effetti, la stanza dove Vittorio e la donna molto bionda stavano parlando è proprio - guarda caso - la stanza delle fotocopiatrici.

«Quante ne volete?» chiede Vittorio brusco, prendendo il tomo e aprendolo dove la Tonelli ha messo un segno.

«Due» dice piano Patrick.

«Non ve ne basta una?» domanda Vittorio, quasi minaccioso.

«La prof... ha detto due...» balbetta Patrick.

Vittorio brontola e fotocopia. Né Patrick né Miranda sanno ancora che a scuola la carta, che sia carta igienica o carta per fotocopie, è più preziosa di una stufetta al Polo Nord.

Prendono le fotocopie, masticano un "grazie" e scappano come se le avessero rubate.

Solo in cima alle scale, con il fiato un po' corto, Patrick chiede a Miranda:

«Chi era quella?».

«Non lo so...» mormora la ragazza.

«Ma ti ha salutato» insiste Patrick.

«Credo... credo che sia la fidanzata di mio papà» risponde Miranda e le verrebbe da piangere. Ma no, non è solo perché già le sta antipatica, ma soprattutto perché si sente scema: per quale motivo non ha avuto il coraggio di chiedere a Vittorio come si chiama il figlio di quella donna?

Niente da fare: per il resto della lezione di arte Miranda disegna solo inesistenti incisioni rupestri in cui donne con i tacchi inciampano in mammut artritici. Di questo passo il suo voto nella pagella del primo quadrimestre sarà bassino. Proprio come il suo umore ora.

È proprio vero che, alle medie, il Paradiso non esiste.

#35

LA RESA DEI CONTI

Alla scuola media nessun conto resta in sospeso. Ogni azione comporta una reazione. Se studi vieni promosso, se chiedi scusa vieni compreso, se fai una verifica prendi un voto.

La Diliberti è conosciuta tra i suoi alunni perché per correggere i compiti impiega tempi lunghissimi. Ma all'inizio della scuola anche i prof cercano di fare bella figura con i loro studenti,

quindi la Diliberti ha impiegato ventiquattro ore per correggere, mettere le percentuali delle risposte giuste e tradurre le percentuali in voti.

La Diliberti è una vera professionista, che per un professore significa anche saper recitare bene. Al momento della consegna delle verifiche di geografia in 1C, si cala nel ruolo di “Giustiziere dei confini”.

Entra in classe, lascia cadere le verifiche sulla cattedra, si leva il golfino grigio, rotea gli occhi a palla e urla:

«Sono stupita! I voti sono veramente bassi».

Ventidue cuori perdono un battito, venti pance si strizzano, diciotto gole deglutiscono rumorosamente.

La prof si accorge che alcune facce hanno bruscamente cambiato colore. La Diliberti tenta di correggere un pochino il tiro. Ne esce un orrendo *bla bla* che suona tipo: «Un voto negativo non è un dramma, ma la segnalazione di qualcosa che non va, magari anche solo nel metodo di studio e c’è tutto l’anno per migliorare».

Tutti quelli della 1C però sanno che un voto è un voto ed è un po’ come il cartellino del prezzo su un abito.

Dopo aver ricevuto la propria verifica corretta in più punti con righe rosse, punti esclamativi, ghirigori di stupore e cosette simili, molti si sentono in sconto. Troppo in sconto. Come un saldo di fine stagione.

Provano a decodificare i voti: le percentuali, la conta degli errori, la traduzione di questo in un numero da mettere sul registro. Già capire ciò è studiare la tortuosa mente umana. Infatti, la percentuale dice quante cose hai saputo, tra tutte quelle che ti hanno chiesto. Questa è la MISURAZIONE della tua conoscenza. Ma come le hai esposte riguarda il voto, che è la VALUTAZIONE di quanto sai.

Ma ricorda: un voto si riferisce sempre e solo a quanto a hai studiato, non a ciò che sei tu come persona!

Poi, come una ciliegina sulla torta, la prof Diliberti annuncia: «Va bene, questa è fatta. I voti sono già stati inseriti nel registro elettronico e quindi già visibili a casa».

Lo sconcerto dilaga come una puzza in ascensore. Già, perché il pensiero di tutti sta correndo a casa, alle facce dei genitori che aprono il pc, inseriscono la password e si trovano davanti i voti dei figli.

Andiamo a vedere che cosa succede?

Dove ho messo la password? Dove?!?
la madre di Fabio
Troppo difficili queste verifiche. Vogliono demoralizzare mia figlia?
il padre di Soraya
I prof non hanno capito niente di mia figlia!
la madre di Miranda

Somaro. Stasera gli faccio un discorsetto! E che discorsetto!
il padre di Filippo
Deve prendere ripetizioni, subito, subito... subito!
la madre di Patrick
Ecco, i frutti dell'insegnamento di Alfredo: due lavativi in casa!
il padre di Basilio

#36

MI ASPETTAVO DI PEGGIO...

Filippo ha aspettato la sveglia mangiandosi le unghie.

Fabio ha passato la notte dormendo come un tronco. Ha sognato di scatenarsi su una batteria che, tra i piatti, aveva la testa di Filippo. Si è svegliato molto soddisfatto.

Alfredo e Patrick hanno dormito beati e si sono svegliati con un ottimo appetito e un bel sorriso.

Per tutti gli altri è stata una notte qualsiasi. Persino per Zuccarelli Giacomo.

Tutti, però hanno commesso un errore tipico di qualsiasi studente. Non hanno letto l'avviso distribuito ieri nelle classi. Se lo avessero fatto, si sarebbero accorti che per oggi è previsto uno sciopero.

Che cosa significa uno sciopero? Significa che entri, ma potrebbero non esserci tutti i prof e allora stai in classe. Mentre, di norma, gli studenti si augurano vivamente che nessuno dei prof sia presente, i ragazzi questa mattina si augurano che tutti i prof manchino ma che la Bertolini ci sia. Eppure non si vede.

A Giulietta viene un'idea: «Magari si è vestita con pelle di camaleonte ed è mimetica».

Lei pensa di consolare così Filippo, e Filippo sente solo una forte spinta a tapparle la bocca con una gomitata. Ma Filippo non è cattivo, è solo nervoso, quindi lascia perdere.

Filippo, Patrick, Basilio, Fabio, Miranda, Soraya... sono tutti lì che bighellonano nel corridoio mentre Vittorio e le due bidelle cercando di farli stare in classe, zitti e fermi. Senza nessun successo, ovviamente.

«Ehi, ci si annoia così» considera Alfredo. «Perché non andiamo nell'aula di musica?» e, nel dirlo, strizza l'occhio a Patrick e Filippo in una maniera così spudorata che a nessuno può sfuggire che qualcosa sta per accadere.

Il trasferimento avviene in fretta e furia. In fretta soprattutto per quanto riguarda Filippo e Fabio. Ciascuno dei due sa di dover raggiungere la batteria, l'unica batteria dell'aula, prima dell'altro. Filippo, più snello e agile, arriva prima, evitando un paio di sgambetti, un colpo di spalla e una pacca in pieno petto.

Filippo si piazza sullo sgabello un soffio prima di Fabio e la rissa si evita solo per il sopraggiungere di testimoni in abbondanza.

«Allora,» dice Alfredo «sei pronto?».

Filippo annuisce. Patrick gli si mette a fianco e alza il pollice della mano destra.

Alfredo allora afferra il sax. E parte il rap più rap mai sentito tra quelle pareti.

Fabio non vorrebbe tenere il tempo, ma involontariamente batte le mani a ritmo. Giulietta si scatena come se non fosse a scuola, ma su un palco di Broadway.

Tutti gli altri scuotono le spalle, battono i piedi, ondeggiano la testa nemmeno fossero allo stadio per il concerto della band più amata del globo.

Ti piacerebbe sapere che cosa stanno cantando?

Non so se posso rivelarlo. Potrebbe esserci di mezzo una questione di privacy… di rispetto… di pudore…

Ok, va bene. Solo perché sei tu:

D'andare a scuola non mi va
Preferirei andare qua e là.
Ma se là ci sei tu
O sto io o stai tu.
Però se qua ci sei tu
Ci verrei pure in tutù.
Non voglio i profs
Preferirei spezzarmi i corns.
Non voglio il bidello
Piuttosto al naso mi metto un anello.

Non voglio la scuola
Mi pare tanto una sòla.

Ma se non vado in classe
Mia madre mi sfascia le ★★★★.
E finisce che ci passo la vita
Tra una lavagna e una lagna.
E mai e poi mai al Cacciamatta
Meglio la Malabrocca
A dar la testa nel muro
Altrimenti resto più ignorante di un mulo.

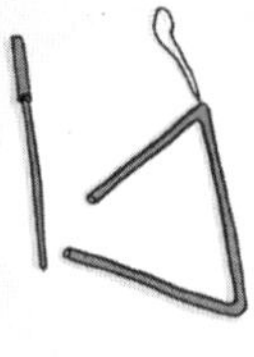

Il resto si è perso tra le grida d'incitamento al terzetto. Tanto, comunque non è granché.

Solo alla fine dell'ultimo applauso si nota che qualcuno sta dicendo qualcosa. Qualcosa tipo:

«Mi aspettavo di peggio. Vi prendo tutti nell'orchestra. Pubblico incluso».

È la Bertolini, vestita a festoni come una ballerina di flamenco. E non suscita pensieri perché i presenti stanno festeggiando come una folla di tifosi alla fine di un derby vinto dalla propria scuola.

Nella ressa, Patrick sta cercando strategicamente di raggiungere Miranda. Purtroppo la raggiunge prima Fabio. Lui ha una cosa urgente da dirle.

Infatti le dice piatto piatto: «Mia madre mi ha detto che sabato sera ceniamo da tuo padre».

È qui che Miranda sviene.

E tutto quello che accade è proprio un'altra storia.

HAI CAPITO O NO?!? OVVERO LE SAGGE CONCLUSIONI (PER ORA)

1. In quinta elementare ti sentivi grande, ma poi sei ripartito dalla prima media e ti sei trovato improvvisamente piccolo. Nella vita va sempre così, regolati.

2. Prima di entrare a scuola avevi una gran paura di tutto, poi hai scoperto che era solo paura dell'ignoto.

3. Anche i peggiori compagni di classe hanno dei lati buoni. Magari non basta un anno per trovarli, ma puoi essere ottimista.

4. I voti non sono altro che numeri, per aumentarli basta impegnarsi un po' di più.

5. Una classe è fatta di ventidue ragazzi e di un prof. In questa proporzione, i prof sono sopportabili.

6. La scuola non è solo stare in aula, ma anche viversi tutti gli altri momenti.

7. A scuola devi sempre decidere da che parte stai. Come nella vita.

8. A scuola puoi continuamente migliorare o peggiorare. Come nella vita.

9. A scuola è anche una questione di fortuna: se incontri le persone per bene, va meglio. Come nella vita.

10. A scuola nessuno è uno qualsiasi. Come nella vita, se ti metti in gioco.

INDICE

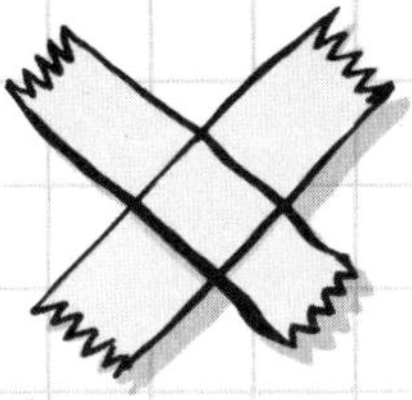

PARADISO TERRESTRE
QUEL
CAMPING PURGATORIO
SCVOLA MEDIA
N
W
E
S
SCHOOL BUS
CIO' CHE E' STATO

CHE SARÀ
INFERNO
LIMBO

EC 0002335338
55921A
OK . PANICO!
NOVITA'
STRADA ANNALI
GIUNTI EDITOR
GIUNTI EDI